吉林财经大学资助出版

现代日语词汇统语论中的词态表现

語彙統語論的なヴォイス

王丹彤／著

吉林大学出版社

·长春·

图书在版编目（CIP）数据

现代日语词汇统语论中的词态表现 / 王丹彤著. --
长春 : 吉林大学出版社, 2023.11
ISBN 978-7-5768-2733-0

Ⅰ.①现… Ⅱ.①王… Ⅲ.①日语 – 语法 Ⅳ.
①H364

中国国家版本馆CIP数据核字(2023)第241057号

书　　名：现代日语词汇统语论中的词态表现
XIANDAI RIYU CIHUI TONGYU LUN ZHONG DE CITAI BIAOXIAN

作　　者：王丹彤
策划编辑：黄国彬
责任编辑：刘子贵
责任校对：代景丽
装帧设计：刘　丹
出版发行：吉林大学出版社
社　　址：长春市人民大街4059号
邮政编码：130021
发行电话：0431–89580028/29/21
网　　址：http://www.jlup.com.cn
电子邮箱：jldxcbs@sina.com
印　　刷：天津鑫恒彩印刷有限公司
开　　本：787mm×1092mm　　1/16
印　　张：13
字　　数：200千字
版　　次：2024年3月　　第1版
印　　次：2024年3月　　第1次
书　　号：ISBN 978-7-5768-2733-0
定　　价：68.00元

目　　录

第一部

序　論

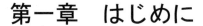

第一章　はじめに

1．本研究の目的

　　本研究は、現代日本語におけるヴォイス的な意味を表す機能動詞結合を述部とする文を記述し、その表現の文法論における特徴を探求するものである。

　　文は言語活動の基本的な単位であり、単語から構成される。しかし、文の構築材料は単語だけではない。語結合もまた、文の構築材料となる。「語結合」という術語について、『言語学大辞典　第 6 巻　術語編』では、ロシア語の統語論で用いられる概念словосочетаниеの訳語として、以下のように説明している。

　　　　1950年代以降、ロシア語の統語論の記述で中核的概念として多用されるようになった術語で、2個以上の自立語が「一致（照応согласование）」「支配（управленив）」または「付加（隣接примыкание）」のいずれかの文法的従属関係によって結びつき、文のいろいろな成分を形成する統語論上の単位をこのようによぶ。（中略）
　　　　語結合はまた、自由語結合と非自由語結合に分類される。前者はчитатв　книгу「本を読む」のように、個々の構成要素が自立的な意味を保ち、相互に他の語と交換可能で派生力をもつものをさすが、железный「鉄の」とдорога「道」の

結合である**железная дорога**「鉄道」は、個々の構成要素の意
味の合成とは、別の独立の事物をさす意味を獲得し、その意
味はこの特殊な結合に限られてる。

（『言語学大辞典　第 6 巻　術語編』pp. 560-561）

　　ここで説明されている自由結合と非自由結合に関する研究は日本語
研究において、自由結合が連語論によって記述され[①]、非自由結合が慣
用句論で議論されてきた。これに対して、自由結合とも慣用句とも言え
ない、特殊な語結合に注目した研究がある。それは、村木新次郎の機能
動詞論である。

　　村木（1991）では、「勉強をする」「さそいをかける」「変化がお
きる」「実行にうつす」のような語結合に現れる動詞について、「実質
的意味を名詞にあずけて、みずからはもっぱら文法的な機能をはたす動
詞」として、これらを「機能動詞」と呼び、機能動詞と「勉強」「さそ
い」「変化」「実行」のような広い意味での動作性をもつ名詞とのむす
びつきを「機能動詞結合」と呼んだ。「本をよむ」「山にいく」「工場
ではたらく」のような連語（＝自由結合）では、構成要素のそれぞれが
語彙的な意味をもった自立的な単語であるのに対し、機能動詞結合は、

[①]　二つの単語以上の単語のむすびつきには、大きく、従属的なむすびつき、陳述的なむすびつき、
　　並列的なむすびつきの三つのタイプがある（言語学研究会編（1983：4-5））。このうち、連語論
　　の対象となるのは、従属的なむすびつきである。「父と母」「犬や猫」のような「並列的なむすびつ
　　き」は一つの合成的な名づけ的な意味を表さないので、連語論の対象からはずされる。「犬が
　　走る」「雨が降る」のような陳述的なむすびつきは、いわゆる主語＝述語の関係であり、モダリ
　　ティーとテンポラリティーから切り離すことができない点で、従属的なむすびつきとは異なる。だが、
　　「雨が降っている」「雨が降った」「雨が降るだろう」は、陳述的な意味が異なるが、「雨が降る」
　　という現象を名づけている点は共通している。この点で、このタイプの語結合は連語論の対象とし
　　て捉えられる可能性があるが、従属的なむすびつきではなく、相互依存的なむすびつきである
　　といえる。

動詞の自立性が希薄で、名詞への依存度が高いので、非自由結合の一種として捉えられている。

　また、機能動詞論では、非自由結合としての機能動詞結合に対して集中的な検討がなされており、「モダリティ」「アスペクト」「ヴォイス」という文法的な意味に引きつけて指摘している。「読もう」「走っている」「殴られる」のような形態論的的な表現手段は各文法カテゴリーの表現手段の中心として扱われるのがふつうであるが、「改善をもとめる」「会議をはじめる」「刺激をうける」のような機能動詞結合も語彙統語論的な表現手段として現代日本語の中に多く使用されている。文法カテゴリーの表現手段としての機能動詞結合は、村木以外に注目する研究者は少ないが、筆者は文法研究の重要課題であると考える。

　そこで、本研究の目的は、ヴォイス的な意味を表す機能動詞結合を取り上げ、文法形式として基本的であると考えられる形態論的な表現手段と比較しながら、語彙統語論的的な表現手段の文法論における特徴を明確にすることにある。

2.　本研究の構成

　本研究は六つの章から構成されている。中心は、第II部の能動—受動の対立に関する考察と、第III部の他動使役に関する考察である。

　第I部の三章は、序論として本研究に関する研究史を概観したうえで、本研究の位置づけを明らかにし、研究対象について説明する。第一章では、村木の機能動詞研究を取り上げ、機能動詞結合の記述がどこまで進められているかを考察する。続いて、研究史を遡り、奥田靖雄による、を格名詞と動詞からなる連語の記述の中に機能動詞結合にあたるものが含まれていることを確認する。第二章では、を格の動作名詞と動詞からなる語結合について調査し、両者の境界がどのあたりにあるのかを

検討する。第三章では、語彙統語論的なヴォイスに関する先行研究を概観する。

第Ⅱ部の第四章は、「能動—受動」の対立に関する考察を行う部分である。ここでは、「vn+あたえる」と「vn+うける」を取り上げ、語彙統語論的なヴォイスの成立範囲を確認した上、形態論的なヴォイスと比較しつつ、語彙統語論的なヴォイスの特質を考察する。

第Ⅲ部は、他動使役に関する考察を行う部分である。第五章では、人間と人間に対するはたらきかけを表現する「vn+まかせる」を取り上げて考察する。第六章では、因果関係を表現する「vn+もたらす」を取り上げて考察する。

第Ⅳ部は、結論として、本研究が明らかにしたことと、今後の課題を提示する。

3. 研究史

本節では、まず、日本語の機能動詞論の代表として、村木の機能動詞研究を取り上げ、機能動詞結合の記述がどこまで進められているかを確認する。続いて、研究史を遡り、奥田靖雄による、を格名詞と動詞からなる連語①の記述の中に機能動詞結合にあたるものが含まれていることを指摘する。最後に、奥田と村木の研究を対照し、語結合における機能動詞結合の位置づけを検討する際に問題となることを指摘する。

3.1 村木新次郎の機能動詞論

「機能動詞」は、ドイツ語Funktionsverbの訳語であり、管見では、岩崎（1974）が初出である。岩崎は、当時ドイツ語研究で注目を

---

① 連語という用語についてはいろいろ定義されている。慣用により決まっている語結合と定義している研究もあるが、本研究では、言語学研究会編（1983）に従って、連語を二つあるいは三つの単語から成り立って、文を組み立てる材料として、単語と同様に名づけの単位であると定義する。

　浴びていた機能動詞の概念を日本語に適用し、「挨拶をする」「引越し
をする」「通用する」「敬遠する」などの「体言＋［を］する」型の表
現では、動詞の意味の実体は「体言」のなかに完全に吸収されており、
「する」の方には純粋な文法機能だけ残されると説明した。岩崎以降、
機能動詞（結合）の研究はあまり多くないが、村木新次郎に一連の研究
があり、村木の研究を日本語の機能動詞および機能動詞結合に関する研
究の代表とみることができる。

　村木（1980）は、機能動詞に関する村木の最初の論文であり、こ
れをもとにして機能動詞に関するまとまった記述を行ったのが、村木
（1991：第3章）である。そのほか、村木（1983）、同（1985）でも機
能動詞について論じているが、村木の代表的な機能動詞研究として、こ
こでは、村木（1980）、同（1991）を中心に取り上げる。

　村木（1991）の研究における機能動詞とは、実質的な意味を名詞
にあずけて、みずからはもっぱら文法的な機能をはたす動詞のことであ
り、基本的に、機能動詞は「名詞＋動詞」から構成される語結合、すな
わち機能動詞結合にあらわれる。機能動詞結合は、例えば、「反応がお
こる」「注目をあびる」「合意に達する」「前提と／にする」のような
ものである。

　また、村木は、機能動詞は動詞の実質的な用法から派生したとして
いる。言い換えれば、機能動詞は品詞の一種ではなく、動詞の用法が拡
張したものである。機能動詞は、実質的意味の有無によって、実質動詞
と対立する。実質動詞としての用法と機能動詞としての用法は、表1-1
のように例示できる（村木1991：217）。つまり、同じ動詞が自由な語
結合にも機能動詞語結合にもあらわれうる。

表1-1　実質動詞と機能動詞

実質動詞としての用法	機能動詞としての用法
家が<u>ある</u>	連絡が<u>ある</u>
背広を<u>かける</u>	さそいを<u>かける</u>
お金を<u>はらう</u>	努力を<u>はらう</u>
品物を<u>おくる</u>	拍手を<u>おくる</u>
上体を<u>おこす</u>	反応を<u>おこす</u>
切手を<u>あつめる</u>	注目を<u>あつめる</u>
皿を<u>かさねる</u>	練習を<u>かさねる</u>

　　機能動詞と結びつく名詞は、典型的には行為を表す名詞（動作名詞）であるが、表1-2のように、その周辺に状態名詞や現象名詞もあり、臨時的な動作名詞もあるという（村木1991: 214-216）。

表1-2　機能動詞と結び付く名詞

名詞の種類	説明	例
動作名詞	動詞と派生関係にあり、何らかの動的な運動が名づけられている名詞	さそいをかける、影響をあたえる
状態名詞	静的な状態を名づけた名詞	平和をたもつ、最高潮に達する
現象名詞	自然現象、感覚、生理現象、病理現象を表す名詞	けむりがたつ、においがする、汗をかく、けがをする
臨時的な動作名詞	本来は具体的なものをさす名詞が語結合の中で動作的な意味にずれたもの	客がある、お茶にする

　　機能動詞は、基本的に「名詞＋動詞」という語結合の中にあらわれるが、このほか、「名詞＋動詞」の語結合には、自由な語結合と慣用句がある。村木は、これらの三つのタイプは、形式面に共通性があり、文法面や意味面に各自の特徴をもちながら、区別的な限界は曖昧であり、

一つの連続体であると認めている。

　　自由な語結合では、構成要素のそれぞれが語彙的意味をもって自立し、自由な意味を表す。一方、機能動詞結合は、語彙的意味の自立性が希薄化した機能動詞をふくみ、語結合全体で一語化した合成動詞にちかい。慣用句は、文法的側面から固定性、意味的には非分割性をもつという点で、他の語結合と区別され、全体で一単語に相当する。

　　自由な語結合・機能動詞結合・慣用句の違いについては、以下のように述べている。自由な語結合と機能動詞結合の違いは、実質動詞と機能動詞の違いに還元できる。例えば、動詞「あつめる」は具体名詞、抽象名詞、動作名詞とくみあわさることができ、名詞により、構成する語結合のタイプが異なる。例えば、「切手をあつめる」のように具体名詞とくみあわさると、自由な語結合を構成し、「注目をあつめる」のように動作名詞とくみあわさると、機能動詞結合を構成する。ただし、「視線をあつめる」や「人気をあつめる」のように動作性をもたない抽象名詞とくみあわさると、判断しにくく、中間的であるとしている。つまり、同じ動詞と共起しても、名詞のタイプによって動詞の実質的な意味の濃淡が異なり、語結合のタイプも移行する。自由な語結合と機能動詞結合には、典型的なものもあり、中間的なものもあり、構成要素により、いくつかの段階がありうると、村木は指摘している。

　　また、機能動詞結合は、慣用句とも連続している。例えば、「日記をつける」「辞書をひく」「写真をとる」などのような非動作名詞と実質的意味を欠く動詞から構成される語結合は、むすびつきの固定性から見ると、慣用句に近いが、語彙的意味が名詞の方にあり、動詞の実質的意味が空疎化している点で、機能動詞結合に近いとしている。

　　村木（1980）では、「名詞＋動詞」からなる語結合の全体像を、動詞の実質的意味の濃淡と名詞の類別のくみあわせによって、図1-1のように捉えている。そして、「雨がふる」「虹がたつ」「病気をまねく」

「不安におちいる」を自由な語結合と機能動詞結合の中間に、「日記をつける」「メモをとる」を、慣用句と機能動詞結合の中間に位置づけている。

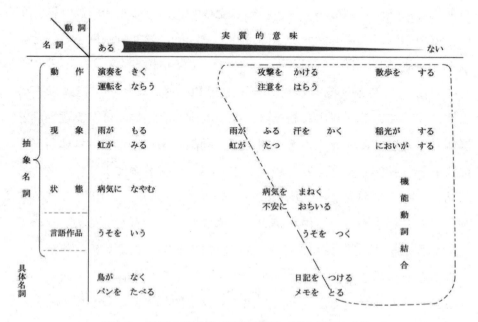

図1-1　動詞の意味と名詞の類別（村木1980：32）

　　そのほか、村木（1991）で注目されるのは、ヴォイス、アスペクト、ムードといった文法的意味を積極的に特徴づけている機能動詞結合について、かなり詳しく記述している点である。どのようなものが取り上げられているかを表1-3にまとめておく。

表1-3　機能動詞の文法的意味

文法的意味		説明	例
ヴォイス	受動態	「…される」と交替するもの	信頼をあつめる、注目を浴びる
	他動使役態	「…させる」と交替するもの	誤解をあたえる、迷惑をかける
	使役受動態	「…させられる」と交替するもの	完敗を喫する
	相互態	「…しあう」と交替するもの	約束をかわす、契約をむすぶ
	基本態	「…する」と交替するもの	失敗をおかす、感動をおこす

文法的意味		説明	例
アスペクト	始動相	動作のはじまりを特徴づける	実施にうつす、攻撃にでる
	終結相	動作のおわりを特徴づける	検討をおわる、失敗に帰す
	実現相	動作の成立を特徴づける	合意に達する、優勝をはたす
	継続相	動作の持続的な側面を特徴づける	沈黙をまもる、 おもいをめぐらす
	反復相	動作がくりかえしおこなわれることを特徴づける	努力をかさねる、 練習をくりかえす
	反復強意相	―	修行をつむ、調査をすすめる
	強意相	動作が時間の経過とともにつよまっていくことを特徴づける	工夫をこらす、判断をかためる
	緩和相	動作が時間の経過とともによわまっていくことを特徴づける	微笑をもらす、愚痴をこぼす
ムード		動作主体の意志を特徴づけているもの	協力をねがう、援助をのぞむ
		動作主体の示威をあらわすモーダルな特徴をもっているもの	譲歩をしめす、反発をみせる
		可能の意味をおびたもの	納得がいく、判断がつく
		自発の意味あいをおびているもの	想像がつく、予想がつく
		モーダルな意味をもつ動作名詞	予定がある、考えがみられる

3.2 奥田靖雄の連語論

　日本語の連語論に関する代表的な研究としては、奥田靖雄を代表とする言語学研究会の一連の研究が挙げられる。なかでも、奥田による、を格名詞と動詞からなる連語の記述は、連語論の方法論を提示したものとして、多くの研究者に影響を与えている。

　を格名詞と動詞とのくみあわせについての奥田の研究で公刊されているものは二つある。一つは1968年から1972年にかけて雑誌『教育国語』に掲載された「を格の名詞と動詞とのくみあわせ」（以下、「教育

国語版」と呼ぶ）であり、もう一つは、その草稿に当たる、60年に書か
れ、のちに言語学研究会編（1983）に収録された「を格のかたちをとる
名詞と動詞とのくみあわせ」（以下、「60年版」と呼ぶ）である。60年
版は、を格の名詞と動詞とのくみあわせを体系的に記述した最初の研究
であり、教育国語版は、雑誌に掲載する際に、それを大幅に改訂したも
のである。60年版と教育国語版の記述の違いについては、両者を収録し
た、言語学研究会編（1983）の「編集にあたって」に説明がある。

　　　…教育国語版は、ひきだした結論を整理して記述してい
るが、60年草稿は、その結論をひきだしていく過程をたんね
んに記述している。（中略）

　　　60年草稿のほうは、わからないなりでも、を格の名詞と
動詞とのくみあわせの全体をとらえようとしているが、教育
国語版のほうは、はっきりした結論をだせないところを保留
のままにのこしている。60年草稿における第三章第五節「動
作的な態度のむすびつき」は、教育国語版でははずされてい
る。そのかわり、教育国語版のほうには、第四章「状況的な
むすびつき」があらたにつけくわえられていて、これらの論
文は相互におぎないあっているとみなしてもいいだろう。

　　　　　　　　　　　　　　　　（言語学研究会編1983：16）

　　　教育国語版と60年版のそれぞれが記述している連語のタイプを、表
1-4、表1-5に示しておく。

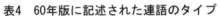

表4　60年版に記述された連語のタイプ

は た ら き か け	物にたいする はたらきかけ	①もようがえ	くるみをわる
		②とりつけ	指輪をはめる
		③とりはずし	夜着をはぐ
		④ばしょがえ	炭を火鉢へうつす
		⑤ふれあい	かべをたたく
		⑥つくりだし	着物をぬく
	人にたいする はたらきかけ	①生理的な状態変化	少年をおこす
		②移動	芸者をよこす
		③心理的な状態変化	百姓を納得させる
		④社会的な状態変化	政治家を入閣させる
		⑤よびかけ	お婆さんをかきくどく
	状態にたいする はたらきかけ	①状態変化	信頼をつよめる
		②状態生産	変化をもたらす
	論理の表現	―	悪意をふくむ
か か わ り	感性的なむすびつき	―	船をみる
	知的なむすびつき	①思考活動	組織を考察する
		②言語活動	病状をたずねる
		③意志活動	回復をいのる
	認識のむすびつき	①発見活動	国民性を発見する
		②認知活動	実質を確認する
		③再生活動	気もちをおもいだす
		④計算活動	呼吸をかぞえる
	態度のむすびつき	①感情=評価的な態度	東京をこいしがる
		②知的な態度	小説を科学と考える
		③意義づけ的な態度	かごを手土産にする
		④表現的な態度	懦弱をせめる
	動作的な態度のむす びつき	―	人をまつ
	内容のむすびつき	①内的経験の内容	嫌悪を感じる
		②知的活動の内容	方針をきめる
		③動作の内容	行事をおこなう
	論理的な関係の表現	―	一般性の喪失を意味する
所 有	うけわたし	―	運賃をわたす
	ものもち	―	店をもつ

表1-5　教育国語版に記述された連語のタイプ

対象的なむすびつき	対象へのはたらきかけ	物にたいするはたらきかけ	①もようがえ	くるみをわる
			②とりつけ	受話器をみみにあてがう
			③とりはずし	ビールのせんをぬく
			④うつしかえ	炭を火鉢へうつす
			⑤ふれあい	ほおをさす
			⑥結果的なむすびつき	着物をぬく
		人にたいするはたらきかけ	①生理的な状態変化	友達を笑わせる
			②空間的な状態変化	娘を上京させる
			③心理的な状態変化	かれをたかぶらせる
			④社会的な状態変化	政治家を入閣させる
			⑤よびかけ	生徒をあおる
		事にたいするはたらきかけ	①変化のむすびつき	抵抗をよわめる
			②出現のむすびつき	変化をもたらす
	心理的なかかわり	認識のむすびつき	①感性的なむすびつき	果物をあじわう
			②知的なむすびつき	目的をみぬく
			③発見のむすびつき	美質をみつける
		通達のむすびつき	—	関係をはなす
		態度のむすびつき	①感情的な態度のむすびつき	風呂をたのしむ
			②知的な態度のむすびつき	文章を一技術をみなす
			③表現的な態度のむすびつき	わたしをせめる
		モーダルな態度のむすびつき	①要求的なむすびつき	復活をのぞむ
			②意志的なむすびつき	教育を心がける
		内容規定的なむすびつき	①体験の内容規定	疲れを感ずる
			②思考の内容規定	真偽をたしかめる
			③通達の内容規定	挨拶をのべる
	所有のむすびつき	やりもらい	—	お菓子をうばう
		ものもち	—	家をもつ

		うつりうごくところ	道をたどる
状況的なむすびつき	空間的なむすびつき	とおりぬけるところ	やぶをぬける
		はなれるところ	事務所をでる
	状況的なむすびつき	―	ゆき子のそばをとおりむける
	時間的なむすびつき	―	春の日を一日床にねる
	時間＝量的なむすびつき	―	幾時間をもがきとおす
	空間＝量的なむすびつき	―	二三町をとおる

　以下、この二つのバージョンの異同について確認しておく。

　まず、60年版では、連語のタイプは大きく「はたらきかけ」「かかわり」「所有」の三つに分けられていたが、教育国語版では、これらは「対象的なむすびつき」としてまとめられ、新たに「状況的なむすびつき」が追加された。また、60年版における「論理の表現」「動作的な態度のむすびつき」「論理的な関係の表現」というタイプは、教育国語版でははずされている。

　次に、60年版の「物にたいするはたらきかけ」に属する「つくりだし」は、教育国語版では「結果的なむすびつき」に、60年版の「状態にたいするはたらきかけ」は、教育国語版では「事にたいするはたらきかけ」に、また「所有」に属する「うけわたし」は「やりもらい」になった。ただし、これらは用語の変更にとどまり、内容的には特に違いはない。

　さらに、60年版において、「かかわり」を表す連語は、「感性的なむすびつき」「知的なむすびつき」「認識的なむすびつき」「態度のむすびつき」「動作的な態度のむすびつき」「内容のむすびつき」「論理的な関係の表現」という七つのタイプに分けられていたが、すでに触

れたように、そのうちの「動作的な態度のむすびつき」「論理的な関係
の表現」は、教育国語版からはずされ、残った五つのタイプも再編され
た。

　その残った五つのタイプ（「感性的なむすびつき」「知的なむす
びつき」「認識的なむすびつき」「態度のむすびつき」「内容のむすび
つき」）がどのように再編されたかを見ると、「感性的なむすびつき」
「知的なむすびつき」「認識的なむすびつき」は組み直され、新たな
「認識のむすびつき」になる。また、「知的なむすびつき」に属してい
た「意志活動」「言語活動」は、それぞれ「モーダルな態度のむすびつ
き」「通達のむすびつき」という独立のタイプになった。さらに、「態
度のむすびつき」からは「意義づけ的な態度」が、「内容のむすびつ
き」からは「動作の内容」がはずされ、「内容のむすびつき」に属する
「知的活動の内容」は「思考の内容規定」と「通達の内容規定」とに分
けられている。

　以上のように、60年版で取り上げられている連語のタイプのいく
つかが教育国語版でははずされているのだが、はずされた理由がある程
度推測できるものがある。それは、「論理の表現」「論理的な関係の表
現」「意義づけ的な態度」及び「動作の内容」であり、これらは、自由
結合ではない、つまり連語ではないと判断された可能性がある。奥田
は、慣用句（慣用的ないいまわし）を連語からはっきりと区別している
が、機能動詞結合にあたるものの扱いについては迷いがあったのではな
いかと思われる。このあたりを含め、次節では、奥田の記述をさらに詳
しく検討していく。

3.3 連語論に見られる機能動詞結合に関連する記述

　村木が指摘しているように、自由結合と機能動詞結合の区別の境界
は明確ではない。そのため、連語の記述に機能動詞結合が混じることも
十分にありうる。また、慣用句が連語から区別されるように、機能動詞

結合についても、連語論においては慎重に取り扱われることが予想される。そこで、本節では、村木（1991）が挙げている機能動詞（を格名詞と結合して文法的意味を特徴づけるもの）が奥田氏の60年版および教育国語版の連語の研究においてどのように扱われているか、いないか、について調査する。調査は、動詞別に行い、機能動詞用法だけでなく、実質動詞用法も対象とする。

3.3.1　調査結果

村木（1991）で指摘されている、ヴォイス、アスペクト、ムードといった文法的意味を積極的に特徴づけている機能動詞結合については、表1-3に示した。それらが奥田の連語論でどのように記述されているかを調査した結果を表1-6に示す。村木（1991）では、を格名詞と組み合わさる機能動詞を101語取り上げているが、これらの101語の動詞には二つ文法的意味を持つ動詞もある。例えば、「あたえる」は、「安心をあたえる」では他動使役態、「保証をあたえる」では基本態とされている。このような動詞には「＊」を付した。

表1-6の左の三列は、村木（1991）に挙げられている機能動詞および共起できる名詞の例と表現する文法的意味を示し、右の二列は、奥田の60年版（奥田1960）と教育国語版（奥田1968－72）における当該の機能動詞に関する記述である。奥田の記述について、「→」の左は共起する名詞のタイプであり、右は構成する連語のタイプである。具体的な名詞や例文を挙げられている場合［　　　］の中に示す。名詞の後の番号は当該文献での例文番号である。

表1-6　村木（1991）に挙げられているを格名詞と結合する機能動詞の連語論における記述

	機能動詞	共起名詞	村木1991	奥田60年版	奥田教育国語版
1	あつめる	注目評価	（ヴォイス）受動態	・人名詞→移動	・具体物→うつしかえ ・所有物→やりもらい ・［額173］→形象的な表現

	機能動詞	共起名詞	村木1991	奥田60年版	奥田教育国語版
2	あびる	絶賛 非難	（ヴォイス） 受動態	・具体物→とりつけ	・具体物→とりつけ
3	うける	指摘 非難	（ヴォイス） 受動態	・所有物→うけわたし ・状態性の抽象名詞［ショック361、衝動363、打撃365、拷問368、譴責369］→状態生産に近い ・動作性の抽象名詞［拷問368、譴責369］→スルに近い ・具体物→ふれあい	・具体物→ふれあい ・所有物→やりもらい ・慣用的なくみあわせ ・状態をしめす抽象名詞［感じ479、衝動480、ショック481、印象482］→連語に近い ・動作をしめす抽象名詞［指導487、祝福488、おしえ489、保護490］→助動詞に近い
4	える	評価 教示	（ヴォイス） 受動態	・所有物→うけわたし ・動作性の抽象名詞→スルに近い	・所有物→やりもらい ・動作をしめす抽象名詞［報知493］→助動詞に近い
5	かう	怒り 微笑	（ヴォイス） 受動態	・所有物［花かんざし344］→うけわたし ・［批判、歓心、志労働力］→フレジオロジカルなくみあわせ ・所有物［屋敷359］→ものもち ・具体名詞、抽象名詞→感情＝評価的な態度	・所有物［屋敷465］→ものもち ・所有物［木綿429］→やりもらい ・［家］→対象的なむすびつき ・うごき、状態、特徴、関係［歓心469］→事にたいする
6	くう	反撃 突き上げ	（ヴォイス） 受動態	・［道草］→フレジオロジカルないいまわし ・具体物→もようがえ	・具体物［ささあめ27］→もようがえ ・［道草］→慣用的ないいまわし ・人名詞→人にたいする
7	くらう	処分 反発	（ヴォイス） 受動態	・記述なし	・記述なし

	機能動詞	共起名詞	村木1991	奥田60年版	奥田教育国語版
8	まねく	誤解批判	（ヴォイス）受動態	・心理活動の対象→かかわり ・人名詞→よびかけ ・人名詞→移動	・人名詞→よびかけ ・うごき、状態、特徴、関係[対立405]→出現のむすびつき ・人名詞→人にたいする
9	ゆるす	侵入逆転	（ヴォイス）受動態	・具体名詞、抽象名詞→感情＝評価的な態度 ・動作性の抽象名詞[人足492、批判487]→意志活動（要求）	・あらゆる名詞[通商837、罪848]→感情的な態度 ・動作性の名詞[からだ856]→要求的なむすびつき
10	博す	喝采好評	（ヴォイス）受動態	・記述なし	・記述なし
11	うながす	進歩注意	（ヴォイス）他動使役態	・心理活動の対象→かかわり ・人名詞[木下239]→よびかけ ・抽象名詞[決心248]→内容のむすびつき ・抽象名詞→言語活動（要求・願望）	・動作性の名詞[決心313、謝罪826]→モーダルな態度 ・人名詞[木下302]→よびかけ ・人名詞[女818]→人にたいする
12	おわせる	けが重傷	（ヴォイス）他動使役態	・記述なし	・記述なし
13	しいる	選択戦い	（ヴォイス）他動使役態	・記述なし	・記述なし
14	ひきおこす	混乱不均衡	（ヴォイス）他動使役態	・属性、運動、自然現象、心理現象、社会現象、社会意識、社会組織など→状態生産	・うごき、状態、特徴、関係[混乱377]→出現のむすびつき ・うごき、状態、特徴、関係→事にたいする（あわせ動詞）
15	もたらす	低下変化	（ヴォイス）他動使役態	・属性、運動、自然現象、心理現象、社会現象、社会意識、社会組織など[変化279]→状態生産	・うごき、状態、特徴、関係[変化394、安定396]→変化のむすびつき ・うごき、状態、特徴、関係[不幸376、安定396]→出現のむすびつき

	機能動詞	共起名詞	村木1991	奥田60年版	奥田教育国語版
16	よぶ	感動	（ヴォイス）他動使役態	・心理活動の対象→かかわり ・人名詞→移動 ・人名詞[お民245]→移動 ・具体名詞、抽象名詞[その人661]→意義づけの態度 ・抽象名詞[名754]→知的活動の内容	・人名詞→よびかけ ・うごき、状態、特徴、関係[変化404]→出現のむすびつき ・人名詞[お民308]→空間的な位置変化 ・具体名詞、抽象名詞[勝子のこと814]→態度のむすびつき ・抽象名詞[名882]→通達の内容規定
17	喫する	完敗まけ	（ヴォイス）使役の受動態	・記述なし	・記述なし
18	かわす	雑談約束	（ヴォイス）相互態	・所有物→所有	・所有物→所有
19	むすぶ	契約とりきめ	（ヴォイス）相互態	・具体物[ひも42]→とりつけ ・[関係300]→フレジオロジカル ・具体物→もようがえ	・具体物[リボン56]→とりつけ ・具体物→もようがえ ・具体物→もようがえととりつけとの移行 ・[協定]→慣用的なくみあわせ
20	あげる	叫びわらい	（ヴォイス）基本態	・具体物[網58]→ばしょがえ ・[火342]→多義語（物、所有） ・所有物→所有 ・具体物[あいつの162]→物にたいする ・人名詞[旧友189]→移動	・具体物[燈94]→うつしかえ ・所有物[梅の実442、火443]→やりもらい ・慣用的なくみあわせ ・人名詞[旧友221]→空間的な位置変化
21	いだく	期待思い	（ヴォイス）基本態	・記述なし	・記述なし

	機能動詞	共起名詞	村木1991	奥田60年版	奥田教育国語版
22	いれる	説明 電話	（ヴォイス） 基本態	・[少年171]→かさね動詞 ・具体物→とりつけとばしょがえとの移行 ・具体物[みかん63]→ばしょがえ ・具体物[はなし374]→はたらきかけ ・[場所349、地所348]→フレジオロジカル ・[里数328]→論理の表現 ・人名詞[娘236、わたし229]→社会的な状態変化（フレジオロジカルなくみあわせ）	・具体物[須賀107]→うつしかえ ・具体物→とりつけ ・具体物→とりつけ、とりはずし、うつしかえの中間 ・所有物[着物447]→やりもらい ・[首425]→対象へのはたらきかけ ・人名詞[二人219]→空間的な位置変化 ・心理活動の対象[はなし508]→心理的なかかわり ・抽象名詞[弱点562、かなしみ563]→知的なむすびつき
23	うつ	注射 逃げ	（ヴォイス） 基本態	・心理活動の対象[ひざ375]→かかわり ・具体物→ふれあい ・[ねがえり、したつづみ、手拍子、心、波、ばくち、動悸]→フレジオロジカルなくみあわせ ・[膝頭148、くぎやびょう149]→多義語（ふれあい、とりつけ）	・具体物→ふれあい ・[手]→慣用的ないいまわし ・[関係、心]→慣用的なくみあわせ
24	おう	負担 けが	（ヴォイス） 基本態	・生き物[蚊256]→はたらきかけ（生き物にたいする） ・具体名詞、現象名詞→動作的な態度 ・人名詞→移動	・空間、自然現象、時間[家927]→はなれるところ ・生き物[蚊331]→対象へのはたらきかけ（生き物にたいする）

	機能動詞	共起名詞	村木1991	奥田60年版	奥田教育国語版
25	おかす	失敗反則	（ヴォイス）基本態	・抽象名詞[厳禁769、あやまち770]→動作の内容	・うごき、状態、特徴、関係[中立性357、390]→変化のむすびつき
26	おく	信頼前提	（ヴォイス）基本態	・具体物→とりつけ ・人名詞→社会的な状態変化（フレジオロジカルなくみあわせ）	・具体物→とりつけ ・所有物[金451]→やりもらい ・人名詞[かれ296]→社会的な状態変化 ・抽象名詞→知的なむすびつき
27	おくる	声援合図	（ヴォイス）基本態	・所有物→うけわたし ・人名詞[こどものひとり179]→移動	・所有物→やりもらい ・人名詞[一人217]→空間的な位置変化
28	おこす	運動混乱	（ヴォイス）基本態	・人名詞[少年171]→生理的な状態変化 ・[気持ち、こころざし、考え、共鳴、あらし、行動、争議、事件、産業、脳貧血]→物、人、事にたいする ・属性、運動、自然現象、心理現象、社会現象、社会意識、社会組織など[火291]→状態変化（つくりだし）	・うごき、状態、特徴、関係→出現のむすびつき ・多義語（もようかえ、生理的な状態変化） ・人名詞→人にたいする ・物、人、事[産業、戦争、事件、紛争、運動、争議、波瀾、訴訟、反響、共鳴、やけ、邪念、疑問、けいれん、盲腸炎]→物、人、事にたいする
29	おこなう	指導あいさつ	（ヴォイス）基本態	・抽象名詞[行事766]→動作の内容	・記述なし
30	おさめる	成功成果	（ヴォイス）基本態	・記述なし	・具体物→とりつけ ・所有物→やりもらい
31	おぼえる	共感かゆみ	（ヴォイス）基本態	・抽象名詞[くるしみ738]→内的経験の内容 ・具体名詞、現象名詞、抽象名詞[お母さま539]→認知活動	・具体名詞、現象名詞、抽象名詞[部落638、悪口雑言639]→認識のむすびつき ・抽象名詞[反感865]→体験の内容規定

	機能動詞	共起名詞	村木1991	奥田60年版	奥田教育国語版
32	およぼす	影響 支配	（ヴォイス） 基本態	・記述なし	・記述なし
33	くだす	判断 命令	（ヴォイス） 基本態	・[判断]→フレジオロジカルなくみあわせ	・[評価]→慣用的なくみあわせ
34	かざる	優勝 初当選	（ヴォイス） 基本態	・具体物→もようがえ ・具体物→物にたいする	・具体物→もようがえととりつけとの移行
35	きる	スタート カーブ	（ヴォイス） 基本態	・具体物[炉94]→つくりだし ・[くび、えん]→フレジオロジカル ・具体物→もようがえ ・人名詞→人にたいする	・具体物[指18]→もようがえ ・[木]→対象的なむすびつき ・[しら、えん]→慣用的ないいまわし ・[言葉、はなし、電話]→慣用的なくみあわせ ・具体物[畦153]→結果的なむすびつき
36	くむ	協力 闘争	（ヴォイス） 基本態	・記述なし	・具体物→とりつけ
37	くわえる	反論 工夫	（ヴォイス） 基本態	・具体物→とりつけ ・論理の表現	・具体物→とりつけ
38	しめる	勝利 勝	（ヴォイス） 基本態	・所有物[室354]→ものもち	・記述なし
39	たてる	覚悟 予定	（ヴォイス） 基本態	・具体物[家90]→つくりだし ・具体物[さお36]→とりつけ ・人名詞→社会的な状態変化（フレジオロジカルなくみあわせ） ・属性、運動、自然現象、心理現象、社会現象、社会意識、社会組織など→状態にたいする	・具体物[線香41]→とりつけ ・具体物[棒]→もようがえ ・[腹]→慣用的ないいまわし ・慣用的なくみあわせ ・具体物→結果的なむすびつき ・人名詞[紀州慶福301]→社会的な状態変化 ・具体物→物にたいする

	機能動詞	共起名詞	村木1991	奥田60年版	奥田教育国語版
40	たれる	訓辞	（ヴォイス）基本態	・記述なし	・記述なし
41	つくる	行列借金	（ヴォイス）基本態	・具体物[酒91]→つくりだし ・具体物[かべ107]→もようがえ（臨時） ・物、人、事にたいする	・うごき、状態、特徴、関係[家庭374、分裂395]→出現のむすびつき ・具体物[ささら140]→結果的なむすびつき ・物人事→物、人、事にたいする
42	だす	指示要求	（ヴォイス）基本態	・具体物[金64]→ばしょがえ ・[こえ、おと、ことば、ちから、元気、勇気、返事、注文、おふれ、結論、くせ、熱]→フレジオロジカルなくみあわせ ・[ひま]→フレジオロジカルないいまわし ・人名詞[倫233、娘227]→社会的な状態変化（フレジオロジカルなくみあわせ）） ・所有物[病気届347]→所有（ひゆ） ・人名詞[岡田188]→移動	・具体物[五円の方98]→うつしかえ ・具体物[金108]→とりはずし ・空間、自然現象、時間→はなれるところ ・所有物[がらくた448]→やりもらい ・[ひま]→慣用的ないいまわし ・人名詞[岡田218]→空間的な位置変化 ・人名詞[怪我人315]→人にたいする（状態の出現） ・人名詞[養子300]→社会的な状態変化
43	とばす	シッタ大ヒット	（ヴォイス）基本態	・具体物→ばしょがえ	・記述なし
44	はたらく	乱暴詐欺	（ヴォイス）基本態	・[不正、乱暴、悪事、不貞]→フレジオロジカルなくみあわせ ・抽象名詞→動作の内容	・記述なし

	機能動詞	共起名詞	村木1991	奥田60年版	奥田教育国語版
45	はなつ	安打痛打	（ヴォイス）基本態	・記述なし	・記述なし
46	ほどこす	解釈化粧	（ヴォイス）基本態	・所有物→うけわたし ・動作性の抽象名詞→スルに近い	・所有物→やりもらい ・動作をしめす抽象名詞[階級教育491]→助動詞に近い
47	むける	注意配慮	（ヴォイス）基本態	・記述なし	・具体物→とりつけ
48	もつ	疑い意図	（ヴォイス）基本態	・具体物[小皿、ビラ73]→ふれあい ・[はり320、穂324]→論理の表現 ・人名詞→社会的な状態変化（フレジオロジカルなくみあわせ） ・所有物[店352]→所有	・具体物[棍棒124]→ふれあい ・所有物[家456、金460]→ものもち ・[小皿133]→慣用的なくみあわせ ・人名詞[出世する男278]→社会的な状態変化 ・心理活動の対象[過去のこと509]→心理的なかかわり
49	よせる	期待反論	（ヴォイス）基本態	・具体物→ばしょがえ ・[好意302]→フレジオロジカル ・具体物[眉156]→物にたいする	・具体物→うつしかえ
50	発する	傾向指令	（ヴォイス）基本態	・属性、運動、自然現象、心理現象、社会現象、社会意識、社会組織など→状態生産	・記述なし

	機能動詞	共起名詞	村木1991	奥田60年版	奥田教育国語版
51	感じる	反発 いたみ	（ヴォイス）基本態	・具体名詞、現象名詞、抽象名詞[ふかさ505]→発見活動 ・具体名詞、抽象名詞[懐しさ582、雪子583、卑屈584、塩水591]→感情＝評価的な態度 ・抽象名詞[嫌悪737]→内的経験の内容 ・抽象名詞[興味743、表情744、情熱745、魅力747、矛盾746]→内容のむすびつき ・具体名詞、現象名詞、抽象名詞[つめ526、病気52、するの」547、「すること」550]→認知活動 ・具体名詞、抽象名詞→知的な態度	・あらゆる名詞[自分721、五十三歳722、雪子723]→感情的な態度 ・具体名詞、現象名詞、抽象名詞[気持ち582、心配583、真剣さと愛情584、「すること」585、顔634、ずれ635]→感性的と知的なむすびつき ・具体名詞、現象名詞[人538、女539、あかり540、強震541、表情859]→感性的なむすびつき ・具体名詞、現象名詞、抽象名詞→認識のむすびつき ・具体名詞、抽象名詞→態度のむすびつき ・抽象名詞[狼狽861、つかれ862、不満869、恋心870、興味860]→体験の内容規定
52	科す	制裁	（ヴォイス）基本態	・記述なし	・記述なし
53	生じる	変容 狂い	（ヴォイス）基本態	・属性、運動、自然現象、心理現象、社会現象、社会意識、社会組織など→状態生産	・人名詞[反対者316]→人にたいする（状態の出現）
54	はらう	注意 尊敬	（ヴォイス）基本態	・所有物→うけわたし ・具体物[ほろ50]→とりはずし ・[努力]→フレジオロジカルなくみあわせ	・具体物→とりはずし ・具体物→ふれあい ・所有物→やりもらい

	機能動詞	共起名詞	村木1991	奥田60年版	奥田教育国語版
55	はじめる	発売 ダンス	（アスペクト） 始動相	・抽象名詞→動作の内容	・記述なし
56	うちきる	捜査 証人調べ	（アスペクト） 終結相	・記述なし	・うごき、状態、特徴、関係→事にたいする（あわせ動詞）
57	おわる	照合 会談	（アスペクト） 終結相	・抽象名詞→動作の内容	・記述なし
58	やめる	射撃 まばたき	（アスペクト） 終結相	・抽象名詞→動作の内容 ・抽象名詞[学校]→動作的な態度（フレジオロジカルなもの） ・属性、運動、自然現象、心理現象、社会現象、社会意識、社会組織など→状態変化	・記述なし
59	とげる	変質 発達	（アスペクト） 実現相	・[死、進歩、発展、最後、志、かっぽれ767]→フレジオロジカルなくみあわせ	・記述なし
60	はたす	上位当選 初入場	（アスペクト） 実現相	・記述なし	・記述なし
61	たどる	回復 変化	（アスペクト） 継続相	・記述なし	・空間、自然現象、時間[道904]→うつりうごくところ
62	たもつ	接触 連絡	（アスペクト） 継続相	・記述なし	・記述なし
63	つづける	努力 沈黙	（アスペクト） 継続相	・抽象名詞→動作の内容	・記述なし

	機能動詞	共起名詞	村木1991	奥田60年版	奥田教育国語版
64	つらぬく	秘密保持 据え置き	（アスペクト）継続相	・記述なし	・記述なし
65	ぬぐらす	想像 考え	（アスペクト）継続相	・記述なし	・記述なし
66	まもる	沈黙 禁酒	（アスペクト）継続相	・心理活動の対象→かかわり ・具体名詞、現象名詞[法律、いいつけ]→動作的な態度 ・抽象名詞[態度、憲法、法律]→動作的な態度（フレジオロジカルなもの）	・記述なし
67	かさねる	議論 努力	（アスペクト）反復相	・具体物→とりつけ	・具体物→とりつけ ・[盃174]→形象的な表現
68	くりかえす	練習 返答	（アスペクト）反復相	・記述なし	・記述なし
69	くりひろげる	おしゃべり	（アスペクト）反復強意相	・記述なし	・記述なし
70	すすめる	調査 協議	（アスペクト）反復強意相	・属性、運動、自然現象、心理現象、社会現象、社会意識、社会組織など→状態変化	・心理活動の対象→心理的なかかわり
71	つのらせる	怒り	（アスペクト）反復強意相	・記述なし	・記述なし

	機能動詞	共起名詞	村木1991	奥田60年版	奥田教育国語版
72	つむ	修行 練習	（アスペクト） 反復強意相	・具体物→とりつけ	・具体物[石炭36、くるまに荷物]→とりつけ
73	かたむける	努力	（アスペクト） 強意相	・記述なし	・具体物→もようがえ ・[耳182]→形象的な表現
74	かためる	判断 結束	（アスペクト） 強意相	・属性、運動、自然現象、心理現象、社会現象、社会意識、社会組織など→状態変化	・うごき、状態、特徴、関係→変化のむすびつき ・うごき、状態、特徴、関係[結束342]→事にたいする
75	こめる	祈願 期待	（アスペクト） 強意相	・記述なし	・記述なし
76	こらす	工夫 演出	（アスペクト） 強意相	・[よそおい]→フレジオロジカルなくみあわせ	・記述なし
77	たたかわす	激論	（アスペクト） 強意相	・記述なし	・記述なし
78	つくす	議論 努力	（アスペクト） 強意相	・記述なし	・記述なし
79	つよめる	結束 批判	（アスペクト） 強意相	・属性、運動、自然現象、心理現象、社会現象、社会意識、社会組織など[信頼261]→状態変化	・うごき、状態、特徴、関係[抵抗]→事にたいする
80	ねる	計画 構想	（アスペクト） 強意相	・記述なし	・具体物[あんこ]→もようがえ
81	ふかめる	理解 連帯	（アスペクト） 強意相	・属性、運動、自然現象、心理現象、社会現象、社会意識、社会組織など→状態変化	・うごき、状態、特徴、関係[経済力344]→事にたいする

	機能動詞	共起名詞	村木1991	奥田60年版	奥田教育国語版
82	うかべる	微笑 薄笑い	（アスペクト） 緩和相	・記述なし	・記述なし
83	かじる	学問 法哲学	（アスペクト） 緩和相	・[すね]→フレジオロジカルないいまわし	・具体物→ふれあい
84	こぼす	ぐち	（アスペクト） 緩和相	・[ぐち303]→フレジオロジカルなくみあわせ	・多義語（対象へのはたらきかけ、心理的なかかわり） ・具体物[涙161]→結果的なむすびつき ・抽象名詞→通達のむすびつき
85	もらす	呟き 微笑	（アスペクト） 緩和相	・記述なし	・多義語（対象へのはたらきかけ、心理的なかかわり）
86	しめす	譲歩 好投	ムード	・具体名詞、現象名詞[手紙や作文700、軽石状構造708]→動作的な態度	・記述なし
87	くわだてる	計画 反乱	ムード	・動作性の抽象名詞[毒殺478]→意志活動	・動作性の名詞[密航]→モーダルな態度 ・動作性の名詞[毒殺841]→意志的なむすびつき
88	ねがう	協力	ムード	・抽象名詞→言語活動（要求・願望） ・動作性の抽象名詞[「すること」496]→要求活動	・動作性の名詞→モーダルな態度 ・動作性の名詞[死830]→要求的なむすびつき
89	ねらう	逆転 挑戦	ムード	・具体名詞、現象名詞[ねずみ693]→動作的な態度	・記述なし

	機能動詞	共起名詞	村木1991	奥田60年版	奥田教育国語版
90	のぞむ	援助	ムード	・具体名詞［恵那山382］→感性的なむすびつき ・動作性の抽象名詞「すること497、御親征482］→要求活動	・具体名詞［恵那山514］→感性的なむすびつき ・動作性の名詞［復活828］→要求的なむすびつき
91	命じる	調査	ムード	・抽象名詞［酒471］→言語活動（要求・願望）	・動作性の名詞［節煙838］→モーダルな態度
92	はかる	調整節約	ムード	・具体名詞、現象名詞、抽象名詞→計算活動 ・動作性の抽象名詞→意志活動	・動作性の名詞［自殺823］→意志的なむすびつき
93	みせる	反発歩み寄り	ムード	・具体名詞、現象名詞［写真702］→動作的な態度	・記述なし
94	さしはさむ	うたがい	不明確	・記述なし	・記述なし
95	はさむ	うたがい	不明確	・具体物→とりつけ	・具体物→とりつけ
96	あたえる＊	安心保証	（ヴォイス）他動使役態基本態	・所有物→うけわたし ・状態性の抽象名詞［ショック360、衝動362、打撃364］→状態生産に近い ・動作性の抽象名詞［確答366、警告368］→スルに近い	・所有物→やりもらい ・状態をしめす抽象名詞［かなしみ475、納得476、変化477、打撃478］→連語に近い ・動作をすめす抽象名詞［確答483、訓戒484、刺激485、束縛486］→助動詞に近い
97	うばう＊	ダウンゴール	（ヴォイス）他動使役態基本態	・所有物→うけわたし	・所有物［お菓子435］→やりもらい ・［個性470］→慣用

	機能動詞	共起名詞	村木1991	奥田60年版	奥田教育国語版
98	かける*	迷惑期待	（ヴォイス）他動使役態基本態	・具体物[小屋96]→つくりだし（使役） ・具体物[くわ27]→とりつけ ・[こえ]→フレジオロカルないいまわし ・[苦労299、]→フレジオロジカルなくみあわせ ・論理の表現 ・具体物[手158]→物にたいする（ひゆ）	・具体物[たすき33、タオル85]→とりつけ ・具体物[小屋をかけさせる151]→結果的なむすびつき
99	きたす*	低下損傷	（ヴォイス）他動使役態基本態	・属性、運動、自然現象、心理現象、社会現象、社会意識、社会組織など[変化288、変調278]→状態生産	・うごき、状態、特徴、関係[解体375、変調397]→出現のむすびつき
100	つける*	変化交渉	（ヴォイス）他動使役態基本態	・具体物[窓95]→つくりだし ・具体物[きれ37]→とりつけ	・具体物[布38]→とりつけ ・[かた]→慣用的ないいまわし ・[手178]→形象的な表現
101	とる*	了解連絡	（ヴォイス）他動使役態基本態	・所有物→うけわたし ・心理活動の対象[それ373]→かかわり ・動作性の抽象名詞[自由行動370、連絡371、相撲]→スルに近い ・具体物[蝋形98]→つくりだし ・具体物[手ぬぐい45、しらみ131]→とりはずし ・具体物[手桶74]→ふれあい ・多義語（物、所有）	・具体物[手ぬぐい83、湯84]→とりつけ ・具体物→とりはずし ・具体物→ふれあい ・所有物[手数料441、謝礼金454]→やりもらい ・多義語（対、心） ・慣用的なくみあわせ ・[すもう、レスリング、指紋、間隔、責任、調子、政策]→慣用的なくみあわせ ・人名詞→社会的な状態変化 ・動作をすめす抽象名詞[連絡495、自由行動494]→助動詞に近い

3.3.2 連語論に見られる機能動詞結合

　表1-6から分かるように、村木（1991）が機能動詞として挙げている101語の動詞のうち、79語については奥田（1960・1968-72）にも記述が見られる。ただし、その多くは、それらが自由結合をなす場合の記述である。79語の動詞を、動作名詞とのくみあわせが記述されているものとされていないものとに分類すると、表1-7のようになる。下線を引いたものは、動作名詞とのくみあわせが「慣用的なくみあわせ」として記述されているものである。

表1-7　連語論における機能動詞の記述の状況

動作名詞とのくみあわせが記述されている	うける、かう、むすぶ、うつ、だす、はたらく、よせる、はらう、とげる、こらす、かける、える、まねく、ゆるす、うながす、ひきおこす、もたらす、よぶ、いれる、おかす、おく、おこす、おこなう、おぼえる、くだす、きる、たてる、つくる、ほどこす、もつ、発する、感じる、生じる、はじめる、うちきる、おわる、やめる、つづける、すすめる、かためる、つよめる、ふかめる、こぼす、もらす、くわだてる、ねがう、ねらう、のぞむ、命じる、はかる、あたえる、うばう、きたす、とる　　（55語）
動作名詞とのくみあわせが記述されていない	あつめる、あびる、かわす、おう、おくる、おさめる、かざる、くむ、くわえる、しめる、とばす、むける、たどる、かさねる、つむ、みせる、かたむける、ねる、しめす、はさむ、くう、あげる、かじる、つける　　（24語）

　動作名詞とのくみあわせが記述されていても、そのすべてが非自由結合と見なされているわけではない。以下では、村木の機能動詞結合を奥田がどのように記述しているかについて具体的に考察する。

　奥田の連語の記述の中で、動作名詞を構成要素とする連語であることが明らかなのは、教育国語版における「モーダルな態度のむすびつき」というタイプである。例えば、表1-6の87、88、90、92行目「復活

をのぞむ」などのような連語は、村木（1991）では、ムード①的な意味
を表す機能動詞結合として扱っている。

　　村木は、モダリティーの表現手段としての機能動詞結合は、動作主
体の態度にかかわるもので、かなりディクトゥムよりのモダリティーで
あり、「のぞむ」「ねがう」のようなモーダルな意味をもったモーダル
動詞と動作名詞で構成されるとしている。これに対して、奥田は、モー
ダルな態度のむすびつきを表す連語は、動詞の方は要求とか命令、願望
とか期待、忠告とか奨励、許可とか禁止、意図とか決心などの様々なモ
ーダルな態度を表現し、くみあわさる名詞は動作性の名詞であるとして
いる。両者はほとんど同じことを述べているのだが、語結合の種類につ
いては、一方は連語（自由結合）、他方は機能動詞結合（非自由結合）
という、違った捉え方がされている。

　　「モーダルな態度のむすびつき」と同じように、動作名詞と共起す
るものには、奥田が「助動詞（スル）に近い」と指摘しているものもあ
る。例えば、表1-6の3行目「指導をうける」、表1-6の96行目「納得を
あたえる」などである。本来、「うける」や「あたえる」は「所有」を
表す動詞であり、所有物である具体名詞と組み合わさるが、抽象名詞と
くみあわさることもでき、その時には「事にたいするはたらきかけ」を
表すとされている。そして、これらの表現については、「を格の抽象名
詞を動詞化するという、どちらかといえば助動詞的なはたらきしかしな

---

① 『言語大辞典　第6巻＜術語篇＞』(1988:1266) ではムードについて次のように説明されている。
「ムード・モード叙法ともいう。動詞の示す行動を中心とする事態に対する、はなし手の心の態
度を表現する文法範疇。（中略）相手に対して述べるべき事態についてのはなし手の気持ちを言
語形式に表したものが、「広い意味での法 (modality；法性、モダリティともいう)」であって、それ
が動詞の形に現れたものが、動詞の文法範疇としての法である。したがって、法的 (modal) 表現
は、必ずしも動詞だけに限られず、いろいろな方法で示される。そして、これは、言語によってもそ
の表現方式はさまざまである。そのため、法の種種相を普遍的に範疇化することは、なかなか困
難である。」

くなる」（言語学研究会編1983：87）と指摘されている。連語の記述の
中にありながら、これらは自由結合から区別されており、実質的に合成
動詞として捉えられていると考えられる。

　また、村木の機能動詞結合が、奥田の記述では「慣用的なくみあ
わせ」として記述されているケースも多い。例えば、「判断をくだす」
「よそおいをこらす」は、村木の機能動詞結合であるが、奥田の記述で
は、具体的な作用動詞「くだす」（表1-6の33行目）と「こらす」（表
1-6 の76行目）の比喩＝形象的な使用と認め、二単語のくみあわせの名
づけ的な意味は、二つの語彙的な意味と二者のむすびつきとを知ってい
るだけでは理解できないので、慣用的なむすびつきであると奥田は述べ
ている。

　なお、「よそおいをこらす」「判断をくだす」のような語結合は、
具体的な作用動詞の比喩＝形象的な使用によって成立した慣用的なくみ
あわせであったが、このような比喩＝形象的な使用、慣用的なくみあわ
せは、連語（自由結合）に移行することができるとしている。例えば、
表1-6の28行目「運動をおこす」「紛争をおこす」「疑問をおこす」の
ような「事にたいするはたらきかけ」を表す語結合は、すでに慣用的な
くみあわせから解放され、動詞が自由な意味を表すとしている。

　　ところが、この慣用句にしばられた意味も、その後の使
　用のなかでますます固定化してきて、慣用句から解放される
　ようになる。この過程は、かざり名詞の位置に同義語、ある
　いは類義語が自由にあらわれてくる過程と平行している。さ
　らにすすんで、あたらしく形成した、その語彙的な意味を土
　台にして、語彙＝文法的な結合能力がゆるす範囲に、あらゆ
　る抽象名詞と自由にくみあわさるようになる。こうして、単
　語の慣用的なくみあわせは単語の自由なくみあわせへ移行す

る。つまり、慣用句は連語のなかに解体していくのである。

（言語学研究会編1983：76）

　つまり、奥田は、抽象名詞と具体的な作用動詞からなる語結合は、かざり名詞の位置にくるものに制限があれば「慣用的なくみあわせ」とし、制限がほぼなければ「事にたいするはたらきかけ」として扱っている。

　つづいて、教育国語版ではずされた「動作の内容」という語結合のタイプについて、考察する。60年版では、「動作の内容」を表す語結合について、以下のように説明している。

　　　動作内容のむすびつきをいいあらわす単語のくみあわせは、はたらく、はげむ、つとめる、おこたる、なまける、ためらう、やすむ、こころみる、よそう、いそぐ、おこなう、すます、なしとげる、やめる、よす、はじめる、おわる、つづけるのような動詞をしんにして、できている。かざり名詞は、これらの動詞がしめす動作の内容をうめているわけだが、このリストから判断できるように、この動詞グループは、動作あるいは状態を様態、継続の側面から特徴づけているものである。そして、動作あるいは状態そのものは、かざり名詞によってあたえられている。

（言語学研究会編1983：274）

　奥田のこの説明は、機能動詞結合の説明と重なる。ここでも、60年版では、村木の機能動詞結合が「動作の内容」という連語のタイプとして扱われているのである。しかし、奥田は、これを連語、つまり自由結合と見なすことを躊躇している。ただし、動詞化の手続きには至ってい

ないと見ている^①。

> 　　　　この観点からみれば、はじめる、おわる、つづける、
> するは、文法的にはたらいていて、名づけ的な意味をうしな
> っているといえる。したがって、単語のくみあわせの領域で
> は、あつかう必要がないともいえる。しかし、を格の名詞と
> する、はじめるなどの動詞とのくみあわせは、完全な意味で
> 動詞化の手つづきに移行しているとはいえない。なぜなら、
> この種の単語のくみあわせは、動詞としての文法的な能力
> （連用修飾語をともないうるという能力）を完全にそなえて
> いないからである。

（言語学研究会編1983：276）

　村木は、すべてではないが、機能動詞は、語彙統語論的な手段と
してヴォイス・アスペクト・ムードなどの文法的な意味を表すとしてい
る。例えば、「発売をはじめる」は始動相（表1-6の58行目）、「射撃
をやめる」は終結相（表1-6の29行目）、「指導をおこなう」は基本態
（表1-6の55行目）であるとしている。奥田の記述にも、「モーダルな
態度」という用語や「動作あるいは状態を様態、継続の側面から特徴づ
けている」という説明が見られるが、村木ほど、文法的カテゴリーとの
関係に注目しているわけではない。

---

① 　奥田は、根拠として、「ちょっと、この問題を解釈をしておくれんかな」という例を挙げている。「問
　題を」と共起すると不自然になることから、「解釈をする」を一つの動詞と見ることはできないとい
　うことである。

4．本研究の立場

　以上、村木の機能動詞論と奥田の連語論の接点を探ってみた。その結果、以下のようなことが明らかになった。

　機能動詞結合という概念は、奥田が連語を研究していた当時はまだ普及していなかったと思われるが、奥田はこのタイプの語結合の成立が、現代日本語の連語の法則によって説明できないと認識していたようである。それらの一部は慣用的なくみあわせとして、また、あるものは動詞化として扱おうとした。それらの一部は連語（事にたいするはたらきかけ・モーダルな態度のむすびつき）として扱われているが、それらに対する説明は、村木の機能動詞結合の説明を先取りしている。

　奥田による連語の記述中には機能動詞結合にあたるものが散在しており、それらが自由結合とは異質であることも、それなりに認識されている。しかし、それらは、あくまでも連語を記述する過程で視野に入ってきたものであり、最初からそれらに焦点をあてて網羅的に記述しようとしたものではない。

　一方、村木の研究では、非自由結合としての機能動詞結合に対して集中的な検討がなされている。特に、文法的な意味に引きつけて記述し、機能動詞結合をヴォイス・アスペクト・ムードの語彙統語論的な表現手段として捉えている。しかし、機能動詞についての研究は村木（1991）まで、まだ発展期の段階であると考えられるであろう。機能動詞をめぐって、いくつかの課題が残されている。

　例えば、同じ動詞が自由結合（＝連語）にも用いられるので、機能動詞結合の成立する条件について、さらに結合した名詞から掘り下げる余地がある。また、機能動詞結合が文法的な意味の表現手段として、ほかの表現手段との関係に関してはまだ十分に検討されていない。

　それらの問題を解明するため、本研究は、奥田の連語論と村木の機能動詞論を受け継ぎ、無理に自由結合（=連語）と非自由結合（=機能動詞結合）を区別しなく、を格の漢語動名詞と動詞からなる語結合を述部とする文を考察する。村木の研究が網羅的な記述であるのに対し、本研究はヴォイス的な意味を表す機能動詞結合に注目して、具体的な機能動詞結合の成立条件や機能・意味を記述する。

第二章　を格の漢語動作名詞と動詞からなる語結合

1. はじめに

　　第一章に触れたように、「りんごをたべる」「山にいく」のような自由結合を扱うのが連語論という文法論の分野である。一方、非自由結合の典型には、「手をだす」「道草をくう」のような慣用句であるが、慣用句だけが非自由結合なのではない。また、一口に慣用句と言っても、結合関係は単純ではない。

　　奥田（1967）が指摘しているように、慣用的な語結合には二つのタイプがある。一つは形式的には二単語からなりたっていても、意味的には分割できない「慣用的ないいまわし」、もう一つは二単語の一つが自由な意味を保存し、もう一つが慣用句にしばられた意味を表す「慣用的なくみあわせ」である。上に挙げた「手をだす」「道草をくう」のような「慣用的ないいまわし」は典型的な慣用句として連語から容易に区別できるが、「努力をはらう」「うそをつく」のような「慣用的なくみあわせ」は必ずしもそうではない。「慣用的なくみあわせ」は連語と慣用

句の中間的な段階と認められる[①]。

　また、「勉強をする」「ダイエットをつづける」のような機能動詞結合は、構成要素のそれぞれが語彙的意味をもった自立的な単語なのではなく、動詞の自立性が希薄で、むすびついている名詞への依存度が高いので、広い意味での慣用句の一種と考えられないわけではないが、典型的な慣用句とは異なり、ある程度の分割性、不固定性を持っているという点で、「慣用的なくみあわせ」に近いと言えよう。

　本来、動詞が表す動作の語彙的意味を名詞（つまり動作名詞）がになうことで、名詞と動詞の役割分担が変わり、動詞が語彙的な意味をになわず文法的な機能をになうようになったのが機能動詞結合であるが、動作名詞が自由結合、すなわち連語の構成要素にならないわけではない。例えば、「計画を始める」は機能動詞結合であるが、「計画を考える」は連語である。ただし、この場合の「計画」はもはや「計画する」という動作を表してはいない。抽象名詞としての「計画」である。動作名詞と抽象名詞の両面をもつ単語では、こうした連語の構成が可能になる。

　こうして、動作名詞と動詞からなる語結合には自由結合と非自由結合とがあることになる。本章では、を格の動作名詞と動詞からなる語結合について調査し、両者の境界がどのあたりにあるのかを検討する。

---

①　高木（1974：9）ではこの点について次のように説明されている。「奥田靖雄「日本語文法・連語論」（教育国語・15）にくわしくのべられているのだが、慣用的なくみあわせは、一方で連語から発生して慣用的ないいまわしや単語への移行・発展の過程の途中にあり、他方では、慣用的ないいまわしから、その構成要素が自由なみを獲得して多義語に発展し、連語に移行・解体する過程の媒介のやくわりをはたす位置にある。慣用的なくみあわせは連語と慣用的ないいまわしとのあいだでの移行関係の過程に位置する中間的タイプといえる。」この考え方は奥田の体系的言語観の表れであるだろう。

2．調査の方法

　　この節では、調査の対象となる語結合をどのように選定し、どのように自由結合と非自由結合の判別を行うかについて説明する。まず、語結合の選定にあたっては、『分類語彙表　増補改訂版』（以下『分類語彙表』と記す）から漢語動作名詞を抽出することから着手した。『分類語彙表』では、漢語動作名詞は「用の類」に「～する」という形で掲載されている。筆者は『分類語彙表』中のすべての漢語動作名詞をデータベース化しているが、その半分以上（8744語中5624語）が「人間活動—精神および行為」の部門①に所属しているため、本章ではこの部門の中でも語彙数が最も多い「2.30　心」の語彙を取り上げることにした。

　　次に、「2.30　心」に所属する個々の漢語動作名詞について『現代日本語書き言葉均衡コーパス（通常版）』（以下、BCCWJと記す）で用例を検索した。検索条件として、キーを「漢語動作名詞＋を＋動詞」に、検索対象を「出版・書籍」に設定した。検索結果から、「臨床経験」「基礎訓練」「受験勉強」などの複合語の例や、動作名詞とくみあわさる動詞が和語単純動詞以外のもの（漢語、外来語、複合動詞や後置詞②を除く）を除外した動作名詞1373語のうち、用例が100例以上ある語をピックアップすると、下記の50語になる（用例数の順に並べた）。

　　　　意味、意見、注意、準備、努力、経験、評価、研究、理

---

①　『分類語彙表』の分類の仕方はまず大分類として、「体の類」（名詞の仲間）「用の類」（動詞の仲間）「相の類」（形容詞の仲間）及びその他の仲間という4類に分ける。
　　各類はさらに、①抽象的関係（人間や自然のあり方のわく組み）、②人間活動の主体、③人間活動—精神および行為、④人間活動の生産物—結果および用具、⑤自然—自然物および自然現象、という5つの部門に細分されている。ただし、5部門が全部あるのは「体の類」、「用の類」と「相の類」が①③⑤の3部門のみある。
②　例えば、「努力を通じて」「決定をめぐって」のような例がある。

解、指示、判断、設定、反応、計画、注目、調査、期待、勉
強、意識、検討、迷惑、工夫、練習、結論、無理、検査、信
頼、希望、刺激、訓練、決定、覚悟、規定、実験、確認、改
善、要求、体験、微笑、選択、決意、誤解、計算、認識、苦
労、分析、緊張、解決、判決、支度

　　上記の動作名詞50語と動詞のくみあわせは1370組あり、動詞の異な
り語彙数は344である。その344語のうち、使用頻度の高い順に50語を以
下に挙げる（用例数の順に並べた）。以下の調査は、この50語からなる
535組の語結合を対象として行う。

　　　する、おこなう、もつ、うける、かける、はらう、き
　　く（聞く）、あたえる、える、だす、すすめる（進める）、
　　しめす、ふかめる、くだす、のべる、あつめる、もとめる、
　　はじめる、つづける、たてる、かさねる、みる、いう、きめ
　　る、つむ、うしなう、はかる、かんがえる、うながす、うか
　　べる、むける、くわえる、あびる、しる、あらわす、おこた
　　る、ひく、よせる、いだく、おく、こらす、ふくむ、こえ
　　る、かえる（変える）、なす、ととのえる、こめる、せま
　　る、もうける、へる

　　以下、個々の語結合が自由結合か非自由結合かを判別するにあたっ
ては、二編の論文として公刊されている、奥田靖雄による、を格名詞と

動詞からなる連語の記述を参照する①。これらの論文を収録している言語学研究会編（1983）の巻末には、動詞索引が付されているので、これを利用して、対象となる動詞50語を構成要素とする語結合が記述されている箇所を参照することにする。

　対象として選定した535組の語結合のうち、言語学研究会編（1983）に記述があるものは、「苦労をかける」「努力をはらう」「評価をくだす」「判断をくだす」「結論をだす」「意見をのべる」の6組にすぎないが、50語の動詞のうち、47語については、どこかに記述がある。以下、この47語の動詞を構成要素とする語結合が言語学研究会編（1983）に収録された二つの奥田論文でどのように記述されているかについて、以下の観点から見ていく。

　　　①当該動詞に関わる記述があるかないか？
　　　②記述がある場合、動作名詞とのくみあわせは記述されているか？
　　　③動作名詞と該当動詞の結合について連語（自由結合）として捉えられているか？

---

① 奥田のを格の研究には二種あって、一つは「を格のかたちをとる名詞と動詞とのくみあわせ」（奥田1960）であり、もう一つは「を格の名詞と動詞とのくみあわせ」（奥田1968-72）である。両者の関係について、奥田は「…教育国語版は、ひきだした結論を整理して記述しているが、60年草稿は、その結論をひきだしていく過程をたんねんに記述している。（中略）60年草稿のほうは、わからないなりでも、を格の名詞と動詞とのくみあわせの全体をとらえようとしているが、教育国語版のほうは、はっきりした結論をだせないところを保留のままにのこしている。60年草稿における第三章第五節「動作的な態度のむすびつき」は、教育国語版でははずされている。そのかわり、教育国語版のほうには、第四章「状況的なむすびつき」があらたにつけくわえられていて、これらの論文は相互におぎないあっているとみなしてもいいだろう。」（言語学研究会編1983：16）と紹介している。

3. 考察

3.1 調査結果の概要

調査結果の概要は、図2-1のようである。

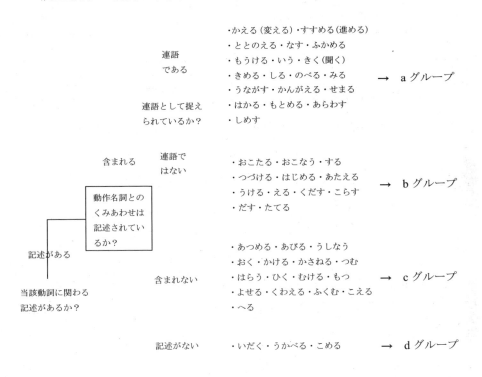

図2-1　調査結果

　図2-1に示したように、研究対象にあたる動詞は大きく、連語と捉えられる（a）、非連語と捉えられる（b）、具体名詞との結合のみが記述され、動作名詞に関する記述がない（c）、記述自体がない（d）の4つのグループに分けられる。各グループの動詞の分布は表2-1のようになる。以下、グループごとに考察を加える。

表2-1　各グループにおける動詞の分布

グループ	動詞
a連語として記述されている	19（38%）
b連語ではないとされている	12（24%）
c動作名詞に関する記述がない	16（32%）
d記述がない	3（6%）
計	50（100%）

3.2 連語として記述されている語結合

　　動作名詞と動詞からなる語結合のうち、言語学研究会編（1983）で通常の連語として記述されているものには、「計画をかえる*」「研究をすすめる*」「準備をととのえる*」「連鎖をなす」「理解をふかめる*」「規定をもうける*」「意見をいう*」「鼓動をきく」「覚悟をきめる*」「起伏をしる」「あいさつをのべる」「変化をみる」「謝罪をうながす」「生活をかんがえる」「選択をせまる*」「自殺をはかる」「面会をもとめる」「要求をあらわす*」「作文をしめす」がある①。

　　を格名詞と動詞からなる連語の中に現れる名詞には、具体名詞と抽象名詞がある②。例えば、「事にたいするはたらきかけ」を表す連語

---

① 奥田の記述では、かざられ動詞のみをリストにし、かざり名詞についてはカテゴリカルな意味を指摘するにとどめている場合がある。その場合は、筆者がBCCWJから収集した語結合の例で補った。*を付したものがそれである。

② ただし、各名詞類について、奥田が明らかに定義をされていなかった。具体的な記述に言及しているだけである。ここでは大雑把に各タイプの語例を以下のように提示しておく、中には多義語も含まれている。

・具体名詞（物名詞、人名詞…）：「皿、枝、紙、いも、荷物、新聞、油、石、魚、あいつ、わたし、母、田中、一人、政治家…」

・現象名詞：「雨、ひかり、景色、身ぶり、表情、ようす、動作、態度、さわぎ…」

・抽象名詞（事名詞、動作性の名詞…）：「態度、興奮、団結、秩序、傾向、幸福、身分、家庭生活、形勢、案内、復活、仲裁、密航、回復、謝罪…」

・状況名詞：「道、川、山、トンネル、夏…」

は、かざり名詞が具体的な物や人の一側面であるうごき、状態、特徴、あるいは関係を表し、かざられ動詞がその側面にはたらきかけ、変化や出現を意味する。漢語動作名詞はうごき、状態、特徴、関係を意味する名詞であるので、このタイプの連語を構成できる。以下に筆者の収集した用例の一部を挙げる①。

　　　1　人はその理念に対して認識を深め、他人と共有し、判断することができます。（一行力）
　　　2　介護療養病棟に入院が出来るように準備を整えた。（老いてこそ、始める）
　　　3　自分が使いやすいようにパソコンの設定を変えてみましょう。（パソコン（楽）入門）
　　　4　「日本銀行の行う業務内容の明確化の観点から、考査に関する規定を設けることが適当」とされた。（日本銀行の法的性格）
　　　5　こうしたことを解明するため、WHOは各国の協力を得ながら調査を進めてきている。（市民がつくるくらし・自治・未来）
　　　6　その判断をなすにあたって誤る場合がありうるということ、これは法上あたりまえのことである。（広中俊雄著作集）

　　また、「心理的なかかわり」も、構成に動作名詞があらわれうる連語のタイプである。「心理的なかかわり」を表す連語は、かざり名詞が心理活動の対象を表し、かざられ動詞が心理活動を表す。

①　以下に挙げる番号のついた用例は、すべて筆者がBCCWJから収集したものである。

7 たんに子供たちからその一年の<u>計画を聞く</u>だけではなく、親は親として、ひとりの社会人として自分の仕事の中で、あるいは家庭の主婦、母親として…（いま魂の教育）

8 みるみるうちに人々が集まってきて自分の<u>意見を述べる</u>。（囚われのイラク）

9 したがって、もとの単語の<u>意味を知っ</u>ていれば、長い単語の意味も大体のところは推測できます。（ソシュールと言語学）

10 自分の見た雲についての発表会での感想や<u>意見を言う</u>。（板書で見る全単元の授業のすべて）

11 先に述べたように、手順を示す課題や知識と、概念や<u>意味を表す</u>課題や知識がある。（授業の基礎としてのインストラクショナルデザイン）

12 彼は、住民の心配に<u>理解を示し</u>、この事業が環境を破壊することを認めてしまったとする。（公共事業をどう変えるか）

13 初めに売上げ・利益の<u>結論を決め</u>、それに実績を合わせる決算が、…（社長の不安をズバリ解消する民事再生の実務）

特に、「心理的なかかわり」の下位タイプである「モーダルな態度」を表す連語は、原則として動作性の名詞がかざりの位置にたつ、特

殊な連語である①。

　　　14　A国政府は外交ルートを通じてB国に<u>改善を求める</u>、というものだった。（ネット・ポリティックス）

　　　15　いかようの事に相成るやも計り知れず、放火もありますよ―と最高責任者の<u>決断を促している</u>。（朝敵伊予松山藩始末）

　　　16　秋田さんは町長に<u>決断をせまった</u>。（命を救え！愛と友情のドラマ）

　　　17　このような状況においては、高齢者の居住環境の<u>改善を図って</u>いく必要があります。（Q&高齢者居住法）

　なお、ここに挙げられた動詞が多義語として異なるむすびつき方で名詞と結合する場合がある。例えば、「みる」は、具体名詞や現象名詞と組み合わさると「感性的なむすびつき」（例18）、抽象名詞と組み合わさると「知的なむすびつき」（例19）になる。「かんがえる」という動詞は思考の質を表現する名詞と組み合わさると「思考の内容規定」（例20）、思考の素材を表現する名詞と組み合わさると「知的なむすびつき」（例21）、また、動作性を持つ名詞と組み合わさると「モーダル

①　「モーダルな態度」を表す連語について、言語学研究会編（1983: pp130~131）には「このような事実は、心理活動をしめす動詞のなかには、モーダルな態度をしめすものがあって、それが動作性の名詞とくみあわさるときに、きわめて特殊な、モーダルな態度のむすびつきのできることをものがたっている。ここでも、構造的なタイプができあがっていて、それはかざられ動詞の語彙的な意味を自分にふさわしいものに修正してしまう。（中略）しかも、モーダルな態度のむすびつきは対象的な性格をうしないかけている。すくなくとも、知的なむすびつきや通達のむすびつきとおなじ程度に対象的であるとはいえない。つまり、ここでは、を格の名詞でしめされるものは、認識や伝達の対象というよりも、むしろ質料的な内容なのである。」と指摘されている。

な態度」（例22）になる①。

　　　18　イヌにイソギンチャク毒素を最初に注射した場合には
何も起こりませんでした．2度、3度と繰り返し注射をして<u>反
応を見ました</u>．（アレルギー読本）
　　　19　たとえば今回の<u>分析をみると</u>、総合繊維にくらべ、総
合・化学繊維と地方産業は違いがみ　られないが、…（生涯
現役時代の雇用政策）
　　　20　このように、平成十一年の変化では「生涯学習部」
という部の名称の<u>意味を考える</u>必要があると思いますが、…
（新修豊中市史）
　　　21　そろそろご夫婦の定年後の<u>準備を考える</u>ほうがより重
要ではないでしょうか。（アパート大家さんになった12人の
フツーの人々）
　　　22　危険因子となる高脂血症、高血圧、肥満などの<u>改善を
考える</u>ことが必要です。（疾患理解とケアプランのための看
護過程セミナー）

　以上に取り上げた語結合は、いずれも言語学研究会編（1983）で
連語すなわち自由結合として扱われているものであるが、この中には、
動作性の意味をもちつつ動詞と結合しているものとそうでないものがあ
り、一律には扱えない。例えば、「意味を考える」の「意味」には動作
性がない。「意味する」という動詞があるとしても、この連語の中にあ
る「意味」は抽象名詞であって動作名詞ではないのである。「設定を変

───────────
① 思考の素材と思考の内容について、言語学研究会編（1983: 135）では、「生活を考えるにおける
　「生活を」は思考活動の素材的な対象であるが、理由を考えるにおける「理由を」はその内容的
　な質を特徴づけている。」と述べている。

える」の「設定」は動作ではなく状態であろう。

　　一方、「準備を考える」は、「準備することを検討する」という意味であり、動作性を残している。「改善を求める」のようなモーダルな態度のむすびつきになると、名詞に動作性があることが連語成立の条件となる。連語の中で名詞が動作性をたもっているとき、本来動詞が表すべき動作の意味が名詞に移り、残る動詞が具体的な動作を表さなくなり、文法的な機能をになうようになるということがおこってくる。その代表がモーダルな態度のむすびつきである。「あなたに改善を求めます」という文の意味は、「改善しなさい」という命令文にほぼ等しい。また、「準備を整える」の意味は、実質的には「準備する」とほぼ等しいと言えよう。具体名詞とくみあわさるときの「整える」とは、連語の中での役割が違っている。

　　以上のように、連語として記述されているこのグループにも、単純に連語と見なせないものが含まれていることが分かる。実際、村木（1991）では、ここで取り上げたもののうち、「事にたいするはたらきかけ」を表す「認識をふかめる」「準備をととのえる」や、「モーダルな態度」を表す「改善をもとめる」「決断をうながす」を機能動詞結合として扱っているのである。

3.3 連語ではないとされている語結合

　　ここでは、言語学研究会編（1983）で記述はされているものの、内容的には連語としては扱われていないものを取り上げる。それは「看護をおこたる」「行事をおこなう」「解釈をする」「訓練をつづける*」「調査をはじめる*」「変化をあたえる」「指導をうける」「報知をえる」「評価をくだす」「よそおいをこらす」「結論をだす」「計画をたてる」のような語結合である。

　　言語学研究会編（1983）では、例23、例24のように、「たてる」や「くだす」などの動詞が動作や状態を表す名詞と組み合わさると、「慣

用的なくみあわせ」になると記述されている①。

     23　過去三年間の試験問題の傾向などを調べ、それに応じた勉強の<u>計画をたて</u>ます。（中学生の自宅学習法）

     24　あらゆる事件の内情を知っていて、最終的な<u>判断を下す</u>のが好きなのだ。（ダブリンの市民）

     25　われわれ地球人の運命に<u>注意をこらして</u>考えるようにさせます。（ハイパーテロルとグローバリゼーション）

     26　いつまでに<u>結論を出す</u>のか、検討のタイムスケジュールを明らかにしてもらうことが必要だ。（市民がつくるくらし・自治・未来）

すでに述べたように、「慣用的なくみあわせ」とは、構成要素の一つが自由な意味を保存し、もう一つが慣用句にしばられた意味を表す語結合である。ここに挙げられた「計画をたてる」「判断をくだす」の「計画」「判断」は自由な意味②を保存していると認められるが、「たてる」「くだす」の語彙的な意味はこれらの名詞と結合するときにのみ実現する。そして、これらの動詞と結合できる動作名詞の範囲はかなり限られている。「計画をたてる」「目標をたてる」」とはいえても、「準備をたてる」とはいえないし、「判断をくだす」「評価をくだす」

---

① 言語学研究会編（1983: pp74〜75）ではこの種のくみあわせについて次のように説明されている。
「しかし、慣用的なくみあわせにおけるかざられ動詞の語彙的な意味は、慣用的なくみあわせにしばられていて、自由な意味ではない。単語の自由な意味は直接的に現実とかかわっているが、慣用的なくみあわせにしばられた意味は、慣用的なくみあわせの名づけ的な意味を媒介にして、存在している。（中略）この種の慣用的なくみあわせのなかでは、具体的な作用動詞は特定の抽象名詞とくみあわさることで、語彙的な意味にずれ=抽象化をおこしているのである。」

② 「自由な意味」とは単語の語彙的な意味のなかには、現実の世界の物や現象や過程や質など、ひときれの現実と直接にかかわって、それを名づけているものである（奥田1967）。

とはいえても、「考察をくだす」とはいえない。

　また、「所有」や「動作の内容」を表す連語についても、同じようなケースが見られる。まず、「所有」については、言語学研究会編（1983）に次のような説明がある[①]。

　　　　しかし、ふるくさい所有動詞「あたえる」、「うける」
　　　が、抽象名詞とくみあわさるばあいは特殊である。これらの
　　　動詞が、状態（とくに内部の状態、したがって心理的な）を
　　　しめす抽象名詞とくみあわさると、状態生産のむすびつきを
　　　いいあらわす、フレジオロジカルなくみあわせをつくる。
　　（中略）
　　　　そして、これらの動詞は、動作性の抽象名詞とくみあ
　　　わさると、能動あるいは受動のたちばをしめすという陳述的
　　　な機能がつよまり、名詞を動詞化する助動詞「する」にちか
　　　づいてくる（動作性の抽象名詞が自動詞と関係しておれば、
　　　「あたえる」は使役的な性格をおびてくる）。

　　　　　　　　　　　　　　　　　　（言語学研究会編1983：219）

　「所有」を表す連語は、本来、所有の対象とその対象に対する所有、あるいは所有権の移動を表現している。奥田の指摘によれば、状態名詞と所有動詞との結合は、「状態生産」に近いもの、または、動作名

---

① 　奥田の研究では、連語に近い「慣用的なくみあわせ」とより慣用句的な「慣用的ないいまわし」とに区別されている。両者は相互移行の関係を構成する。奥田 (1960) では「フレジオロジカルなくみあわせ」と「フレジオロジカルないいまわし」という用語も使用されている。

詞と所有動詞との結合は「助動詞」に近いものになる①。つまり、状態や動作を表す動作名詞は所有物とは捉えにくく、所有動詞と結合すると、もはや連語ではなくなる。そのとき所有動詞の意味は抽象化し、語結合の土台ではなくなり、能動・受動というヴォイス的な意味を表すようになると考えられる。

27　警察からなんらかの<u>保護を受けている</u>と思うかもしれない。（罪深き二人）

28　ようやく彼は正当な<u>評価を得る</u>ことになった。（セロニアス・モンク生涯と作品）

29　筋肉に適度な<u>刺激を与える</u>ことで、血行を促進し、筋肉をバランスよく鍛えることができますから、…（女40代からの「からだ」の最新医学）

このように動詞がヴォイス的な意味をになうようになる語結合については、村木（1991）が機能動詞結合の一種として取り上げている。村木（1991）では、「注目をあびる」「動揺をさそう」など、奥田が挙げた所有動詞によるもの以外も、幅広く機能動詞結合として扱われている。

続いて、「動作の内容」について取り上げる。これについて、言語学研究会編（1983）では、以下のように指摘されている。

---

① 奥田はそれぞれに例文を挙げられている。語結合の部分を取り出せば、「状態生産」に近いものには、「かなしみをあたえる」「納得をあたえる」「変化をあたえる」「打撃をあたえる」「ショックをあたえる」「感じをうける」「ショックをうける」「印象をうける」「衝動をうける」「打撃をうける」、「助動詞」に近いものには、「警告をあたえる」「確答をあたえる」「刺激をあたえる」「束縛をあたえる」「訓戒をあたえる」「指導をうける」「祝福をうける」「おしえをうける」「保護をうける」「拷問をうける」「譴責をうける」がある。

はじめる、おわる、つづけるのような動詞は、動作の継続性をしめしていて、動作＝状態をしめす名詞とくみあわさって、それを動詞化するというはたらきをもっている。さらに、する動詞になれば、を格の名詞をともなうばあい、その名詞を動詞にするはたらき以外はもたないということになる。この観点からみれば、はじめる、おわる、つづける、するは、文法的にはたらいていて、名づけ的な意味をうしなっているといえる。したがって、単語のくみあわせの領域では、あつかう必要がないともいえる。

　　　　　　　　　　　　　　　　　　（言語学研究会編1983：276）

　「動作の内容」を表す語結合では、名詞が動作や状態を表現し、動詞がその動作や状態を様態、継続の側面から特徴づけるとされており、連語より合成述語に近いと考えられる。奥田は、1960年の論文では、これを記述の対象としていたが、教育国語版では外している。実際、1960年版の再録である上記の引用箇所の説明も、村木（1991）における機能動詞結合の説明とかなり重なっている。教育国語版では、奥田はこのタイプの語結合は連語ではないと判断したと推測できる。

　　30　［文字数と行数］タブで［フォントの設定］をクリックして、詳細な設定をします。（ワード2000使えるワザ124）
　　31　そして、文学部の心理学科を目指して大学受験のための勉強を始めた。（メランコリーチェア）
　　32　申請を受け付けた市町村は、申請した被保険者の心身の状況に関する調査を行う。（介護福祉士養成講座）
　　33　その努力を怠ると、反対に私たちの方がその感情に支

配され、流されてしまうのだ。（原則中心リーダーシップ）

 34　私は、大学の農獣医学部で、獣医になるための<u>勉強を</u>
<u>続けています</u>。（素人投稿禁断の告白セレクション）

3.4 動作名詞との結合に関する記述がないもの

言語学研究会編（1983）の動詞索引に掲載されているものの、当該
箇所に動作名詞との結合に関する記述が見当たらないものがいくつかあ
る。それらの動詞は、「あつめる、あびる、うしなう、おく、かける、
かさねる、つむ、はらう、ひく、むける、もつ、よせる、くわえる、ふ
くむ、こえる、へる」である。つまり、これらについては、言語学研究
会編（1983）では、具体名詞との結合のみが取り上げられていることに
なる。だが、実際には、動作名詞と結合した用例が認められる。

 35　そんな具合に<u>練習</u>を<u>重ねて</u>、感動的な演奏をやっての
ける。（こどもはおもしろい）
 36　無理を通そうとする客にどう対応するか心得ているほ
どの<u>経験を積んだ</u>三十代の女性のようだった。（破滅への舞
踏）

「かさねる」「つむ」という動詞は、物名詞とくみあわさって「物
にたいするはたらきかけ」を表現すると記述されているのだが、「練
習」や「経験」のような動作名詞ともくみあわさり、その場合は「事に

たいするはたらきかけ」をあらわすと考えられる[①]。「事にたいするは
たらきかけ」は、うごき、状態、特徴、関係を表す名詞と抽象的な作用
動詞から構成される連語である。

　奥田は、動作名詞と「かさねる」「つむ」などの結合は記述してい
ないが、「信頼をおとす」「誤解をとく」などの語結合について以下の
ように述べている。

　　　この種の単語のくみあわせが、現行の連語の法則にし
　たがってできあがっていないとすれば、その成立はどのよう
　なものだろうか？　この問題へのこたえとしては、単語のひ
　ゆ＝形象的な、あるいは換喩＝形象的な使用の固定化とみな
　すのが、いちばん妥当である。単語の形象的な使用において
　は、抽象的な概念を具体的なすがたのなかにえがきだすため
　に、ものごとを具体的にさししめす単語をひゆ的に、あるい
　は換喩的に利用する。

（言語学研究会編1983：73）

　筆者の収集した用例の中には、「物にたいするはたらきかけ」を表
す動詞の形象的な使用が多数見られた。

　　37　誰かに依頼をするときは、日頃から自分に信頼を置い
てくれる人を選ぶことです。

---

① 　奥田の記述には、「物にたいするはたらきかけ」をさらに「もようがえ」「とりつけ」「とりはずし」
　「うつしかえ」「ふれあい」「結果的」(60年版には「つくりだし」)という6つのタイプに分けられ
　る。ここに挙げられた「かさねる」「つむ」は「とりつけ」動詞と認められている。語結合「練習を
　かさねる」と「経験をつむ」はすでに「とりつけ」のむすびつきではないと判断する根拠は、「とり
　つけ」のむすびつきが格名詞で示される物以外に、に格あるいはへ格の名詞で示される第二の
　対象が必要であるということである。

（自分でらくらく会社をつくる本）

38 解決への大きな<u>期待をかける</u>とともに、ある意味でその面からの対応で可能ともみていた。（21世紀高齢社会とボランティア活動）

39 女性の新しい仕事として、<u>注目を浴びました</u>し、確かにわが色彩活用研究所サミュエルのスタッフも多くが女性です。（トゥルー・カラー）

40 子どもたちの<u>注意を引く</u>のに、もっとも効果的ではない方法といえるのです。（「マルチ能力」が育む子どもの生きる力）

41 どうすれば正義をより実現できるのかという疑問へあなたの<u>意識を向ける</u>べきでしょう。（日本における正義：国内外における諸問題）

42 今後の精神神経免疫学の臨床研究に<u>期待を寄せている</u>。（現代心療内科学）

43 新しい意見が出たり問題が生じた時に<u>検討を加え</u>、常に新しい情報を加えていきます．（QC七つ道具100問100答）

44 「破壊活動防止法」は、内乱の罪のさらに周辺行為を広く処罰する<u>規定を含んでいる</u>。（概説刑法）

なお、ここでの対象ではないが、前に取り上げた「所有」を表す連語、「状況的なむすびつき」を表す連語にも、「形象的な使用」と考えられる場合がある。

45 何もかも準備した状態では、そのような<u>経験を持つ</u>ことはけっしてないだろう。（インナービューズ）

46 少なくともその「豪華な再上映」は、<u>注目を集め</u>、

昔の映画の復活に観客の関心をひきつけることになったから
だ。（映画の音楽）

　　47　しかし外国の干渉なくして、事態が好転するとの<u>希望</u>
<u>を失って</u>はいない。（シベリア出兵の史的研究）

　　48　量販店間の競争を「煽る」情報機器企業の存在にも<u>注</u>
<u>意を払い</u>たい。（フードシステムの構造変化と農漁業）

　　49　その心理は複雑であり常人の<u>想像を超え</u>ています。
（象と耳鳴り）

　　50　詳細な<u>研究を経て</u>専門家が首脳にその実効性について
の報告を提出している。（日中関係をどう構築するか）

　　例45〜48は「抽象名詞＋所有動詞」の結合であり、例49、50は、
「抽象名詞＋移動動詞」の結合である。これも、単語の形象的な使用の
固定化と考えられるであろう。

　　こうした単語の形象的な使用によっても、動詞の意味が抽象化し、
意味の中心をになう動作名詞に対して補助的な役割をになうようになる
現象が生じている。

　　「練習をかさねる」「経験をつむ」は「練習」「経験」の反復的な
実現を表し、「経験をもつ」は「経験する」、「注目を集める」は「注
目される」に言い換えられる。また、「想像を越える」は「想像できな
い」という不可能の意味を表しているとも言える。これらは連語、慣用
句、機能動詞結合にまたがっており、今後、精密な記述が必要である。

4. おわりに

　　以上、本章では、『分類語彙表』の「2.30　心」の部門に収録され
ている漢語動作名詞を構成要素とする語結合が、日本語の連語論の研究
の代表である言語学研究会編（1983）においてどのように記述されてい

るかの調査を行い、その結果について考察した。

　その結果、漢語動作名詞を構成要素とする語結合に関して、連語ではないという意識にもとづいて記述されている部分についてはもちろんのこと、連語として記述されている部分についても、特殊な事例が少なからず存在することが確認できた。結局、連語（自由結合）と非連語（非自由結合）を明確に区分することは難しい。

第三章　語彙統語論的なヴォイスについて

1.　はじめに

　　ヴォイスは、ムード、テンス、アスペクトと並ぶ、動詞の文法的カテゴリーである。現代日本語のヴォイスについては、研究者によって扱う範囲が異なっているが、一般に「能動－受動」の形態論的なヴォイス対立を中心に考察されるのがふつうであり、間接受動文や使役文も考察対象に含めることが多いが、可能文や自発文になると意見が分かれる。

　　これに対して、従来のヴォイス研究においてほとんど研究対象となっていないものとして、語彙統語論的なヴォイスがある。これに注目したのは、前章に触れった村木新次郎氏である。本章では、村木（1991）の記述を参照して語彙統語論的なヴォイスについて説明し、オンラインツール「NINJAL-LWP for BCCWJ」[1]に基づく調査結果を述べる。

2.　語彙統語論的なヴォイスとは何か

　　村木（1991）は、文法的カテゴリーの表現手段について、基本的であると考えられる形態論的な手段の以外、語彙的な手段、語彙統語論的な手段があると指摘した。これらについて、村木は以下のように説明している。

---

[1]　「NINJAL-LWP for BCCWJ」というオンラインツールは、国立国語研究所が構築した『現代日本語書き言葉均衡コーパス』(Balanced Corpus of Contemporary Written Japanese: BCCWJ)を検索するために、国語研とLago言語研究所が共同開発したオンライン検索システムである。

　　　ヴォイス、アスペクト、ムードは日本語動詞の形態論的
カテゴリーとして、動詞の広義の語型上の対立にもとづいて
いる。しかし、このような文法的カテゴリーは、ときには、
語彙的に、あるいは、語彙統語論的な手段によってしめされ
ることもある。語彙的な手段とは、語彙的な意味の中に、文
法的意味としての〈受動〉とか〈継続〉とか〈意志〉といっ
た意味がふくまれているということである。語彙統語論的な
手段というのは、ここでとりあげている、名詞と動詞のく
みあわせによるもので、構成する単語の語彙的意味にささえ
られ、かつ語結合という統語論的な手つづきによって、〈受
動〉〈継続〉〈意志〉などの意味がうまれるからである。

（言語学研究会編1991：239）

　　　また、村木は現代日本語の受動表現にどのような手つづきがあるか
を整理した。具体的には表1にまとめておく。

表1　受動表現の手つづき

表現手段	説明	例
語彙的 手つづき	受動動詞。受動性をもつ自動詞。 語形上の特徴として−aruの存在	みつかる つかまる
形態論的 手つづき	動詞の語幹に、動詞性の接尾辞−Rare−ruが ついた派生動詞。狭義の受動表現	なぐられる さそわれる
語彙 統語論的 手つづき	機能動詞結合によるもの。形態上は他動詞の 能動形であるけれども、意味的には受動表現 である。迂言的な手つづき	批判をあびる 支援をうける

　　　つまり、村木は「みつかる」「つかまる」などの受動動詞が「語彙
的」な手続きであり、「なぐられる」「さそわれる」などの派生動詞が
「形態論的」な手続きであるのに対して、「批判をあびる」「支援をう

け3」のような機能動詞結合については「語彙統語論的」な手続きであ
ると指摘している[1]。

　村木は、機能動詞結合の形でヴォイス的な意味を表すものは語彙統
語論的なヴォイスと呼んでいる。本研究は村木の用語に従い、ヴォイス
的な意味を表現する動作名詞と動詞からなる語結合を語彙統語論的なヴ
ォイスとして扱う。

3.　語彙統語論的なヴォイスのタイプ

　村木（1991）は、ヴォイス的な意味に関わる機能動詞結合を取り上
げ、「受動態」「他動使役態」「使役の受動態」「相互態」「基本態」
というヴォイス的な意味により分けて記述している。以下、タイプごと
に簡単に説明していく。

3.1　受動態

　受動態というヴォイス的な意味を表現する機能動詞として挙げられ
ているのは、「（注目を）あつめる、（批判を）あびる、（支持を）うける、
（評価を）える、（怒りを）かう、（反撃を）くう、（処分を）くらう、（誤解
を）まねく、（侵入を）ゆるす、（喝采を）博す、（反対に）あう、（接待に）

---

[1]　ヴォイスの表現手段に関わる研究として、野田（1991）を挙げられる。野田（1991）には、「文法的
　　なヴォイス」「中間的なヴォイス」「語彙的なヴォイス」という用語を用いて、以下のように三種類の
　　ヴォイスの表現手段を提示している。村木が指摘した語彙統語論的なヴォイスについては野田が
　　扱われていない。「語彙的なヴォイス」という用語についても、両氏の定義が異なっている。

文法的な ヴォイス	多数の動詞に自由につく「(R)ARE」「(S)ASE」」とい う生産的な接辞によってヴォイスの対立を表すもの	作る—作られる 満足する—満足させる
中間的な ヴォイス	語根は共有しながらも、限られた動詞にしか現れない 「AS」「S」「AR」「R」などのけいたいによってヴォ イス対立を表すもの（いわゆる自動詞と他動詞の対 立）	壊す—壊れる 預ける—預かる
語彙的な ヴォイス	形態論には共通する部分がないが、意味的・構文的に ヴォイスの対立を表すを考えられるもの	殺す—死ぬ 勝つ—負ける

あずかる」がある。

受動態を表す機能動詞結合は「…される」と交替しうる。例えば、

　　　・このクェーサーは宇宙にある最も地球から遠い天体と
みられ、宇宙進化理論に役立つ発見として、科学者の<u>注目を
集めて</u>いる。
　　　・こうした米銀の動きは、比較的良好な西ドイツ産業界
とイランの関係を損なうものとして西ドイツの政府や世論の
<u>批判を浴びて</u>いる。

　　ここの述部とする「注目をあつめる」「批判をあびる」は「注目さ
れる」「批判される」に近い意味を表している。受動態の表現としての
機能動詞はほとんど対立の能動態の表現がないが、「支持をうける—支
持をあたえる」のようにヴォイス的な対立を構成する場合もある。能動
受動の対立は現代日本語におけるヴォイスとして最も中心的な表現であ
る。

　　つづいて、受動態を表現する機能動詞結合の使用状況を明らかにす
るため、BCCWJのオンライン検索システムの「NINJAL-LWP for BCCWJ」
を利用して、上述の動詞「あつめる、あびる、うける、える、かう、く
う、くらう、まねく、ゆるす、」とヲ格をとる名詞との組み合わせを検
索し、名詞以外の語をはずす。その結果、用例数が10例を超えた名詞を
以下に示す。名詞の後の数は用例数である。

　　[あつめる]
　　　注目447、情報252、人気157、関心95、資金65、データ
60、資料57、話題49、信仰46、お金42、金41、支持39、尊敬
32、仲間30、署名27、人材26、作品26、期待23、視線23、ス

タンプ19、耳目19、メンバー18、写真17、会員16、証拠16、材料15、生徒15、人々14、全員14、子供14、観客14、預金14、ごみ13、言葉13、人間11、人数10、寄付10、素材10、連中10

［あびる］

　シャワー377、注目210、脚光200、光140、日差し60、非難59、批判58、日52、喝采43、視線43、スポットライト34、血32、夕日30、陽光26、月光25、砲火21、紫外線20、太陽19、称賛18、拍手16、日光15、ライト14、しぶき12、フラッシュ12、罵声12、銃弾12、連打10

［うける］

　影響1551、教育698、被害598、ショック493、許可481、認定438、適用430、検査423、治療407、認可406、承認394、報告320、試験308、交付301、相談300、手術297、指導296、印象290、登録266、衝撃254、訓練251、説明249、指定238、攻撃231、委託204、提供192、サービス186、打撃186、診察179、評価177、扱い175、刺激174、援助174、保護173、控除169、処分166、依頼164、支援161、融資159、命令156、接種151、恩恵150、診断150、要請148、通知148、支払い144、洗礼144、感銘140、給付136、判決133、指示133、電話133、医療127、ダメージ126、質問126、授業122、連絡122、レーザー121、贈与119、検診111、支給110、弁済109、感じ106、批判106、虐待106、裁判102、講習102、免許98、制約96、研修94、助成92、制限91、知らせ85、指摘84、アドバイス83、支持82、災害80、勧告79、手当て77、損害77、執行76、取り

調べ74、宣告74、決定74、面接73、テスト72、健診72、教え71、レッスン70、利益70、措置67、審査65、障害65、カウンセリング64、注文64、診療64、年金61、空襲59、請求58、注意57、損傷56、インタビュー55、取材55、手解き55、確認55、チェック54、差別54、申し出54、言葉54、補助52、委任51、答申51、認証51、招待50、祝福50、還付49、講義47、貸し付け46、迫害45、協議44、圧力44、暴力43、注射43、言い渡し43、更新42、引き渡し41、表彰41、ストレス40、供給40、免除40、待遇40、支配40、聴取40、規制40、誘い40、誤解40、療法39、ボール38、作用38、結果38、取り扱い37、歓迎37、特許37、通報37、いじめ36、報酬36、煽り36、訪問36、尋問35、非難35、報い34、トレーニング33、パス33、弾圧33、直撃33、介護32、拷問32、指令32、指名32、移植32、マッサージ31、処罰31、制裁31、嫌がらせ31、補償31、証明31、調査31、諮問31、変化30、恵み30、抵抗30、暴行30、薫陶30、診査30、告知29、干渉29、挑戦29、検定29、寵愛28、挨拶28、接待28、提案28、襲撃28、推薦27、譲渡27、不利益26、仕打ち26、圧迫26、庇護26、仕事25、投与25、拘束25、提出25、救済25、通告25、世話24、助言24、勲章24、呼び出し24、意向24、日差し24、状況24、移転24、爆撃23、配当23、点滴22、紹介22、苦しみ22、裁き22、講座22、車検22、送付22、事件21、告発21、申し込み21、監督21、調整21、お誘い20、変更20、審判20、提言20、損失20、痛手20、要望20、規定20、視線20、処置19、処遇19、反撃19、届出19、情報19、抗議19、特例19、監査19、ケア18、侵略18、尊敬18、愛情18、感動18、報道17、声援17、大学17、委嘱17、寄付17、献金17、申請17、発行17、要求17、透析17、オーディ

ション16、出資16、応援16、明かり16、インスピレーション15、信頼15、割り当て15、動き15、引き継ぎ15、払い戻し15、点検15、示唆15、給与15、警告15、軽減15、陳情15、出迎え14、反発14、取り消し14、叱責14、妨害14、宣言14、差し押さえ14、忠告14、悪影響14、感染14、方針14、日射14、歓待14、督促14、設定14、調べ14、賠償14、輸血14、送達14、銃撃14、セクハラ13、レクチャー13、事態13、余波13、供与13、分配13、奇襲13、対応13、招き13、流れ13、減免13、激励13、称号13、送致13、銃弾13、プログラム12、啓示12、延長12、感化12、扶助12、提示12、期待12、看護12、資金12、迷惑12、バッシング11、バプテスマ11、プレッシャー11、プロポーズ11、メリット11、レジスタンス11、中傷11、入試11、刑罰11、判断11、協力11、報復11、夕日11、悪化11、捜査11、捜索11、決議11、減額11、特命11、補給11、見送り11、試練11、返品11、オファー10、クリーム10、サポート10、ライセンス10、任命10、分解10、勧誘10、合意10、呪い10、咎め10、天命10、成立10、払い下げ10、投薬10、拍手10、照射10、脅迫10、苦情10、請託10、辞令10、返済10、酒10

［える］

　　協力601、情報405、同意369、許可350、利益311、理解259、収入194、支持189、評価173、承認164、承諾153、機会150、了解142、信頼138、知識133、結果118、結論110、ヒント98、資格98、要領91、参加87、地位75、合意70、回答69、金69、効果67、人気66、報酬59、許し55、支援54、当て52、名声51、水51、勝利49、悟り46、エネルギー45、共感45、資

料44、もの43、了承43、成果43、コンセンサス41、事なき41、快感41、信用39、満足35、自由34、一生33、対価33、資金33、成案32、援助29、信任28、権利28、知遇28、許諾28、賛同28、利潤27、勢い27、仕事26、着想26、教訓25、認可25、助け24、賛成24、答申23、復権22、所得22、チャンス21、収益21、喜び21、時宜21、納得21、データ20、信心20、答え20、お金19、手掛かり19、自信19、お許し18、安らぎ18、知己18、確信18、議席17、インスピレーション16、判決16、助力16、助言16、勅許16、安定16、賃金16、同情15、快楽15、感触15、確証15、証言14、評判14、勇気13、学位13、応援13、成功13、経験13、見通し13、議決13、知見12、リターン11、勢力11、印象11、命令11、安心11、権力11、決定11、特許11、画像11、称号11、霊感11、免許10、友人10、場所10、境地10、好評10、幸福10、感覚10、材料10、能力10、食料10

［かう］

本222、車194、物168、株151、切符133、家132、服112、商品111、土産107、土地93、パソコン80、マンション65、ケーキ64、製品64、顰蹙56、薬55、靴54、プレゼント52、反感51、怨み48、ＣＤ48、チケット47、花47、タバコ45、パン44、洋服42、ソフト41、怒り41、弁当40、雑誌36、馬券35、お菓子32、材料32、ジュース30、国債30、バイク29、絵27、カード26、ビール26、レコード26、宝くじ26、新聞25、酒25、指輪24、グッズ23、デジカメ23、歓心23、セット22、品物22、自転車22、魚22、テレビ21、株式21、集21、カメラ20、ワイン20、新品20、野菜20、食べ物20、コーヒー19、携

帯19、牛乳19、用品19、肉19、自動車19、スーツ18、レコーダー18、書18、住宅17、反発17、財布17、ゲーム16、バッグ16、プレーヤー16、道具16、切手15、新車15、水15、紙15、食材15、飲み物15、お茶14、同情14、失笑14、果物14、銘柄14、アイス13、不動産13、冷蔵庫13、卵13、子供13、漫画13、生地13、おかず12、おもちゃ12、チューナー12、チーズ12、ノート12、小物12、権利12、袋12、豆腐12、餌12、Tシャツ12、アルバム11、ギター11、クリーム11、テープ11、下着11、家具11、時間11、犬11、菓子11、金11、鉛筆11、食品11、ケーブル10、ジャケット10、ピアノ10、不信10、帽子10、情報10、物件10、着物10、総菜10

[くう]

飯129、肉35、巻き添え21、割り19、時間16、足止め15、道草13、煽り11、魚10

[くらう]

パンチ19、不意打ち17、肩透かし16、一撃15、足止め14、肉12、酒10

[まねく]

誤解115、結果101、事態72、混乱66、低下53、反発37、死25、悪化22、批判18、上昇17、危機17、客16、家15、崩壊14、講師14、不信13、彼13、災い13、ピンチ12、友人12、増加12、トラブル11、状態11、先生10、悲劇10、破壊10

[ゆるす]

予断61、追随41、私24、侵入16、妥協16、出入り14、存在14、発言13、結婚13、使用12、彼12、楽観11、帯刀10、自分10

[博す]

人気14、名声6、信用1、成功1、文名1

3.2 他動使役態

相互態というヴォイス的な意味を表現する機能動詞として挙げられているのは、「(進歩を)うながす、(けがを)おわせる、(選択を)しいる、(混乱を)ひきおこす、(低下を)もたらす、(感動を)よぶ、(安心を)あたえる、(ダウンを)うばう、(迷惑を)かける、(低下を)きたす、(変化を)つける、(了解を)とる、(成功に)みちびく」がある。

他動使役態を表す機能動詞結合は「…させる」と交替しうる。例えば、

・これがさきにのべた陽電子の発見であり、ディラックの電子論のいちじるしい進歩を促す動機となった。
・「これにより、われわれはイスラム革命をされに前進させ成功に導く道を切り開いた」

ここの述部とする「進歩をうながす」「成功に導く」は「進歩させる」「成功させる」に近い意味を表している。村木は、はたらきかける対象が人である「先生が太郎を立たせる」が使役態とし、はたらきかける対象が人ではない「太郎が鉛筆を立てる」が他動態とし、両者は連続的であり、合わせて他動使役態と呼んでいる。

ヴォイスの中心は、能動態と受動態の対立であるが、使役態もまた、現代日本語におけるヴォイスとして中心的な表現として扱われるのがふつうである。

　　つづいて、受動態と同じように、「NINJAL-LWP for BCCWJ」を利用して調査する。その結果、用例数が10例を超えた名詞を以下に示す。名詞の後の数は用例数である。

　[うながす]

　　注意104、成長37、発達35、参加30、発展29、自立29、分泌28、自覚28、反省25、血行22、行動21、変化17、努力16、形成16、新陳代謝15、転換15、投資14、再考12、向上11、改善11、検討11、活動11、開発11、取り組み10、理解10、発汗10、発生10、

　[おわせる]

　　責任838、義務328、傷155、重傷152、リスク67、火傷47、怪我45、責め42、障害35、責務33、債務32、負担32、借金25、罪18、重軽傷18、深手15、任務14、ダメージ13、役目13、軽傷13、ハンディキャップ12、致命傷10

　[しいる]

　　生活79、負担57、犠牲34、苦戦34、緊張22、労働18、戦い10

　[ひきおこす]

　　問題111、反応49、事件47、障害44、変化31、現象26、病気25、混乱24、事態21、症状21、戦争20、低下17、汚染17、

合併症15、状態15、事故14、騒動14、アレルギー12、破壊
12、騒ぎ12、トラブル11、災害11、異常11

[もたらす]

結果166、変化159、効果146、被害118、影響96、利益
89、増加38、変革35、成果35、上昇33、低下32、勝利29、情
報29、楽しみ27、死27、繁栄24、障害24、混乱23、災害22、
喜び21、増大21、悪化21、破壊21、作用20、向上20、問題
20、変動20、恩恵20、拡大20、革命19、危機18、幸せ18、成
功18、減少18、災い18、発展18、幸福17、悪影響17、メリッ
ト16、不利益16、秩序15、転換14、雨14、実り13、弊害13、
収入12、安定12、恵み12、損失12、苦しみ12、不幸11、幸運
11、改善11、状況11、革新11、平和10、快感10、破滅10

[よぶ]

名前269、人175、私129、車103、話題102、人気87、反響
87、警察74、タクシー72、彼69、医者45、助け44、共感43、
関心43、自分37、友達33、議論33、彼女31、論議31、先生
27、幸運27、評判26、方法25、状態25、現象25、僕24、感動
21、部分21、場合20、おれ19、あなた17、母17、後者16、仲
間15、ブーム14、人間13、君13、春13、人々12、噂12、女性
12、波紋12、男12、主人11、死11、神11、自ら11、関係11、
場所10、方式10

[あたえる]

影響2275、印象501、機会310、刺激240、打撃159、衝撃
159、損害153、ダメージ135、悪影響118、チャンス113、被害

111、権限103、指示98、時間85、餌83、水82、ショック78、情報76、示唆74、感動72、インパクト70、希望66、感じ66、権利64、脅威63、意味62、許可60、潤い55、勇気51、安らぎ51、喜び48、地位47、仕事46、援助46、感銘44、評価44、ヒント43、変化43、イメージ41、注意40、活力40、食事39、誤解38、自由37、手掛かり36、休暇35、免許35、同意35、食べ物35、きっかけ34、任務34、効果34、ストレス33、損傷33、称号32、課題32、報酬31、肥料31、障害31、プレッシャー30、栄養30、根拠30、負荷30、苦痛29、特権28、余裕27、保護27、利益27、助言27、役割27、承認27、インセンティブ26、資格26、エネルギー24、キック24、不利益24、価値24、ミルク23、母乳22、負担22、恐怖21、恩恵21、警告21、財産21、土地20、条件20、水分20、祝福20、薬20、不安19、口実19、教訓19、自信19、位置18、危害18、名前18、安心18、損失18、満足18、知識18、能力18、致命傷18、苦しみ18、試練18、好影響17、恵み17、指針17、教育17、食物17、全て16、名称16、楽しみ16、猶予16、認可16、おもちゃ15、余地15、動揺15、待遇15、言葉15、保証14、快感14、活気14、目標14、答え14、解答14、部屋14、アドバイス13、テーマ13、フード13、メリット13、場所13、感覚13、手段13、教養13、暗示13、特典13、褒美13、ゆとり12、パワー12、元気12、愛12、支持12、材料12、選択肢12、領地12、フィードバック11、便宜11、基礎11、権力11、解釈11、輝き11、錯覚11、飼い料11、ドッグフード10、保障10、個室10、名誉10、知恵10、秩序10、表現10、違和感10、霊感10

[うばう]

命162、目153、心148、自由86、ボール37、力35、土地
27、時間26、唇25、権利23、財産22、ゴール20、地位19、金
19、リード17、機会17、人命16、三振15、注意13、全て12、
政権12、お株10、得点10、根拠10、武器10

[かける]

声2972、電話1149、時間935、迷惑725、手514、眼鏡
344、言葉336、鍵233、お金218、圧力215、負担208、拍車
186、ブレーキ178、エンジン159、命156、追い打ち139、ソ
ース127、サングラス115、磨き111、手間110、腰107、パー
マ87、期待83、心配81、歯止め81、目77、アイロン73、金
70、攻撃67、醤油64、体重63、プレッシャー60、発破58、年
月57、足55、魔法55、疑い54、手錠52、熱湯52、ラップ49、
費用49、ミシン48、保険47、橋45、攻勢44、歳月44、リボン
41、暗示41、ドレッシング40、検索40、掛け声39、コスト
38、負荷38、号令37、音楽37、麻酔36、嫌疑33、税金33、お
湯32、情け32、生き残り32、苦労32、誘い32、たすき31、ス
トップ31、一生31、呪い29、望み29、回転28、生涯28、願い
27、ボタン26、塩26、揺さぶり26、期間26、湯26、チーズ
24、レコード24、全て24、勝負24、毛布24、カバー23、ふき
ん22、スピン21、経費21、タオル20、布団20、煮汁20、スカ
ーフ19、ステッチ19、ブラシ19、リーチ18、両手18、呪文
18、奇襲18、面倒18、ロープ17、曲17、殴り込み17、片手
17、王手17、酢17、電圧17、おしっこ16、ひも16、エプロン
16、ワックス16、命令16、垂れ16、捕縄16、砂糖16、スプレ
ー15、労力15、年間15、税率15、脅し15、お手数14、かつお

節14、カレー14、マスク14、マヨネーズ14、切れ14、威信14、小便14、油14、生死14、規制14、鐘14、ゴーグル13、フィルター13、梯子13、税13、関税13、ちょっかい12、カーブ12、コート12、シャワー12、シロップ12、モーション12、世話12、謎12、釉薬12、バッグ11、人生11、制限11、愛情11、気合い11、ＣＤ11、きな粉10、はたき10、ケチャップ10、チェーン10、バター10、パスワード10、ベール10、夜襲10、磁場10、蜂蜜10、親指10

[きたす]

　　支障257、異常48、障害41、破綻31、変調29、混乱23、低下19、変化19、困難18、恐慌13、齟齬13

[つける]

　　気3143、火805、手485、力391、目374、名前287、花274、差210、習慣194、決着167、お気152、色125、見当123、実112、理由111、見切り110、明かり103、変化100、技術100、下味97、文句96、テレビ92、味91、知識91、条件87、クリーム86、能力84、話82、けじめ77、注文72、評価72、けち71、折り合い69、体力68、狙い62、水61、順位61、飾り60、電気55、めりはり53、自信52、仮面50、日記50、リボン49、先鞭48、勢い48、弾み47、足47、理屈43、筋肉43、下着41、体温41、区切り41、番号41、マーク40、衣装40、教養38、電灯38、箸37、跡36、格好35、袴35、あだ名34、価値34、言いがかり34、難癖34、香り34、実力33、知恵33、高値32、けり31、ライト31、アクセント30、値段30、タイトル29、目星29、稽古29、マスク28、区別28、都合28、装置27、道27、顔

27、香水27、模様26、記録26、ボンド25、ラジオ25、因縁25、技能25、薬25、方法24、目処24、エプロン23、バッジ23、パン粉23、ひも22、ボタン22、予算22、反動22、羽根22、踵22、醤油22、唇21、ＢＧＭ21、クーラー20、価格20、嘘20、始末20、学力20、感覚20、抑揚20、連絡20、鎧20、風味20、コンドーム19、スキル19、勝負19、塩19、大差19、安値19、角度19、言葉19、足跡19、車19、重り19、エアコン18、名札18、味噌18、染み18、洗剤18、石けん18、衣服18、いちゃもん17、パワー17、点数17、膝17、花粉17、表情17、首輪17、口紅16、照明16、目印16、糸16、腕章16、ストーブ15、ランプ15、リズム15、リード15、利子15、匂い15、強弱15、手袋15、注釈15、渡り15、糸目15、結末15、説明15、バター14、マスカラ14、ワックス14、両手14、切れ14、塩味14、期限14、病名14、白黒14、イヤリング13、コメント13、ソース13、ノウハウ13、ベストアンサー13、動き13、弁護士13、成績13、敬称13、日誌13、眼鏡13、肉13、見出し13、カバー12、コンタクト12、テープ12、ネクタイ12、ネックレス12、ヒーター12、具12、制限12、勿体12、単位12、基本12、宝石12、小麦粉12、戸12、手摺12、整理12、機能12、段取り12、甲冑12、結着12、かつら11、アクセサリー11、オプション11、卵11、態度11、指輪11、歌詞11、筋力11、縫いしろ11、表題11、辺り11、道筋11、ＴＶ11、くせ10、スタミナ10、チェック10、テクニック10、メロディー10、丸み10、優劣10、利息10、助走10、名称10、提灯10、換気扇10、札10、栄養10、格差10、段差10、目鼻10、種10、窓10、縄10、装備10、見通し10、踏ん切り10、防具10、頬10

［とる］

　措置620、行動503、態度451、連絡431、バランス279、方法273、姿勢253、立場231、責任227、政策179、食事175、時間171、遅れ147、形態140、昼食140、手続き133、体制129、指揮128、朝食127、写真120、連携118、対策113、方式111、ポーズ106、夕食100、休暇94、コミュニケーション90、メモ85、距離80、手段75、睡眠75、機嫌71、形式70、対応68、処置67、主義66、受話器64、方針64、資格59、態勢58、場所54、教鞭53、頭文字51、相撲48、リーダーシップ47、休み46、異名45、水分43、音頭43、名41、許可41、仮眠40、確認39、栄養37、コース36、一つ35、休養35、休息34、休憩34、イニシアチブ33、制度33、名前32、構造32、疲れ32、考え方32、アンケート31、戦略31、暖31、コピー30、拍子30、部屋30、金30、データ29、ノート29、手法27、方向27、笑い27、路線27、電話27、システム26、免許26、政権26、構え26、礼26、スタイル25、リズム24、予約24、大事24、やり方23、体裁23、平均23、方策23、統計23、記録23、スペース22、成績22、本22、構成22、アプローチ21、出し21、注文21、食物21、お金20、スタンス20、リスク20、作戦20、引け20、言動20、進路20、仕組み19、指紋19、歩調19、特許19、経過19、見解19、コンタクト18、ランチ18、体勢18、帽子18、情報18、繊維18、調子18、ペン17、ルート17、了解17、揚げ足17、表現17、評判17、調和17、野菜17、食品17、バックアップ16、パターン16、命16、新聞16、水気16、針路16、一命15、予算15、先手14、剣14、動詞14、天下14、政務14、食べ物14、人質13、休業13、油13、物13、肉13、脂肪13、蓋置き13、部分13、間隔13、題材13、餌13、コップ12、仕事12、同

意12、塩分12、意味12、アク11、テープ11、ポジション11、
動作11、単位11、実11、手綱11、授業11、料金11、施策11、
武器11、水11、税11、行為11、見積もり11、調整11、銃11、
ひしゃく10、アポ10、グラス10、下手10、出席10、原則10、
均衡10、戦術10、期間10、税金10、言質10、骨10

3.3 使役の受動態

使役の受動態というヴォイス的な意味を表現する機能動詞として挙
げられているのは、「(完敗を)喫する」がある。

使役の受動態を表す機能動詞結合は「…させられる」と交替しう
る。例えば、

・ベトナム侵略戦争の歴史的な敗北を喫して以後、

ここの述部とする「敗北を喫する」は「敗北させられる」に近い意
味を表している。使役の受動態は使役と受身が共起するものである。現
代日本語におけるヴォイスとして周辺的な表現である。

「NINJAL-LWP for BCCWJ」を利用して、「喫する」とヲ格をとる名
詞との組み合わせの検索した結果(用例数が10以上のもの)を以下に示
す。

[喫する]
敗北50、惨敗17、茶15、大敗14、負け14

3.4 相互態名詞

相互態というヴォイス的な意味を表現する機能動詞として挙げられ
ているのは、「(雑談を)かわす、(契約を)むすぶ」がある。

相互態を表す機能動詞結合は「…しあう」と交替しうる。例えば、

　　・対局前、朋斎九段は記者室に姿を見せ、記者連中と<u>雑談を交わしていた</u>。
　　・オランダのヨハン・ニースケンスが、また米国の「ニューヨーク・コスモス」を十一日、<u>契約を結んだ</u>。

ここの述部とする「雑談をかわす」「契約を結ぶ」は「雑談しあう」「契約しあう」に近い意味を表している。相互構文は、動作の二つ関与者が相互に動作・作用を行う事態を描き出すものである。相互態は現代日本語におけるヴォイスとして周辺的な表現である。

では、「NINJAL-LWP for BCCWJ」における調査結果（用例数が10例を超えた名詞）を以下に示す。

[かわす]
　　言葉215、会話118、挨拶114、握手69、契約64、意見32、キス23、視線17、約束14、議論14、雑談12

[むすぶ]
　　契約362、実181、関係172、協定171、条約125、手98、同盟91、ひも46、契り28、縁27、親交25、都市23、提携22、取り決め16、国交14、盟約14、リボン12、絆12、ネクタイ11、世界11、講和11、焦点10

3.5　基本態
基本態というヴォイス的な意味を表現する機能動詞として挙げられているのは、「（衝突が）おきる、（対立が）おこる、（破綻が）くる、（故

障が)生じる、(影響が)でる、(刺激を)あたえる、(ゴールを)うばう、(期待を)かける、(損傷を)きたす、(交渉を)つける、(連絡を)とる、(叫びを)あげる、(期待を)いだく、(説明を)いれる、(注射を)うつ、(負担を)おう、(失敗を)おかす、(信頼を)おく、(声援を)おくる、(運動を)おこす、(指導を)おこなう、(成功を)おさめる、(共感を)おぼえる、(影響を)およぼす、(判断を)くだす、(優勝を)かざる、(スタートを)きる、(協力を)くむ、(反論を)くわえる、(勝利を)しめる、(覚悟を)たてる、(訓示を)たれる、(行列を)つくる、(指示を)だす、(シッタを)とばす、(乱暴を)はたらく、(安打を)はなつ、(解釈を)ほどこす、(注意を)むける、(疑いを)もつ、(期待を)よせる、(傾向を)発する、(反発を)感じる、(制裁を)科す、(変容を)生じる、(注意を)はらう、(消火に)あたる、(計算に)いれる、(支配下に)おさめる、(裁判に)かける、(判断に)たつ、(警備に)つくる」がある。

基本態を表す機能動詞結合は「…する」と交替しうる。例えば、

・インド東北部のトリプラ州でモンゴル系地元住民とベンガル系流入民との間で衝突が起き、大規模な集団虐殺事件が発生した。

・音読する自分の声が迫力を伴って頭脳に刺激をあたえるシカケなのだ。

・ポンプ車十八台が消火にあたった。

ここの述部とする「衝突がおきる」「刺激をあたえる」「消火にあたる」は「衝突する」「刺激する」「消火する」に近い意味を表している。基本態はヴォイスの基本となる言い方であり、語彙統語論的なヴォイスに最も多く見られる。基本態は直接受動態と対立するにおいて能動態となると村木は指摘している。

基本態を表現する機能動詞結合の使用状況を明らかにするため、こ
こでも「NINJAL-LWP for BCCWJ」を利用して、上述の動詞と共起でき、
ヲ格をとる名詞を以下に示す。名詞の後の数は用例数である。

[あたえる]

　　影響2275、印象501、機会310、刺激240、打撃159、衝撃
159、損害153、ダメージ135、悪影響118、チャンス113、被害
111、権限103、指示98、時間85、餌83、水82、ショック78、
情報76、示唆74、感動72、インパクト70、希望66、感じ66、
権利64、脅威63、意味62、許可60、潤い55、勇気51、安らぎ
51、喜び48、地位47、仕事46、援助46、感銘44、評価44、ヒ
ント43、変化43、イメージ41、注意40、活力40、食事39、誤
解38、自由37、手掛かり36、休暇35、免許35、同意35、食べ
物35、きっかけ34、任務34、効果34、ストレス33、損傷33、
称号32、課題32、報酬31、肥料31、障害31、プレッシャー
30、栄養30、根拠30、負荷30、苦痛29、特権28、余裕27、保
護27、利益27、助言27、役割27、承認27、インセンティブ
26、資格26、エネルギー24、キック24、不利益24、価値24、
ミルク23、母乳22、負担22、恐怖21、恩恵21、警告21、財産
21、土地20、条件20、水分20、祝福20、薬20、不安19、口実
19、教訓19、自信19、位置18、危害18、名前18、安心18、損
失18、満足18、知識18、能力18、致命傷18、苦しみ18、試練
18、好影響17、恵み17、指針17、教育17、食物17、全て16、
名称16、楽しみ16、猶予16、認可16、おもちゃ15、余地15、
動揺15、待遇15、言葉15、保証14、快感14、活気14、目標
14、答え14、解答14、部屋14、アドバイス13、テーマ13、フ
ード13、メリット13、場所13、感覚13、手段13、教養13、暗

示13、特典13、褒美13、ゆとり12、パワー12、元気12、愛12、支持12、材料12、選択肢12、領地12、フィードバック11、便宜11、基礎11、権力11、解釈11、輝き11、錯覚11、飼い料11、ドッグフード10、保障10、個室10、名誉10、知恵10、秩序10、表現10、違和感10、霊感10

［うばう］

命162、目153、心148、自由86、ボール37、力35、土地27、時間26、唇25、権利23、財産22、ゴール20、地位19、金19、リード17、機会17、人命16、三振15、注意13、全て12、政権12、お株10、得点10、根拠10、武器10

［かける］

声2972、電話1149、時間935、迷惑725、手514、眼鏡344、言葉336、鍵233、お金218、圧力215、負担208、拍車186、ブレーキ178、エンジン159、命156、追い打ち139、ソース127、サングラス115、磨き111、手間110、腰107、パーマ87、期待83、心配81、歯止め81、目77、アイロン73、金70、攻撃67、醤油64、体重63、プレッシャー60、発破58、年月57、足55、魔法55、疑い54、手錠52、熱湯52、ラップ49、費用49、ミシン48、保険47、橋45、攻勢44、歳月44、リボン41、暗示41、ドレッシング40、検索40、掛け声39、コスト38、負荷38、号令37、音楽37、麻酔36、嫌疑33、税金33、お湯32、情け32、生き残り32、苦労32、誘い32、たすき31、ストップ31、一生31、呪い29、望み29、回転28、生涯28、願い27、ボタン26、塩26、揺さぶり26、期間26、湯26、チーズ24、レコード24、全て24、勝負24、毛布24、カバー23、ふき

ん22、スピン21、経費21、タオル20、布団20、煮汁20、スカーフ19、ステッチ19、ブラシ19、リーチ18、両手18、呪文18、奇襲18、面倒18、ロープ17、曲17、殴り込み17、片手17、王手17、酢17、電圧17、おしっこ16、ひも16、エプロン16、ワックス16、命令16、垂れ16、捕縄16、砂糖16、スプレー15、労力15、年間15、税率15、脅し15、お手数14、かつお節14、カレー14、マスク14、マヨネーズ14、切れ14、威信14、小便14、油14、生死14、規制14、鐘14、ゴーグル13、フィルター13、梯子13、税13、関税13、ちょっかい12、カーブ12、コート12、シャワー12、シロップ12、モーション12、世話12、謎12、釉薬12、バッグ11、人生11、制限11、愛情11、気合い11、ＣＤ11、きな粉10、はたき10、ケチャップ10、チェーン10、バター10、パスワード10、ベール10、夜襲10、磁場10、蜂蜜10、親指10

［きたす］

支障257、異常48、障害41、破綻31、変調29、混乱23、低下19、変化19、困難18、恐慌13、齟齬13

［とる］

措置620、行動503、態度451、連絡431、バランス279、方法273、姿勢253、立場231、責任227、政策179、食事175、時間171、遅れ147、形態140、昼食140、手続き133、体制129、指揮128、朝食127、写真120、連携118、対策113、方式111、ポーズ106、夕食100、休暇94、コミュニケーション90、メモ85、距離80、手段75、睡眠75、機嫌71、形式70、対応68、処置67、主義66、受話器64、方針64、資格59、態勢58、場所

54、教鞭53、頭文字51、相撲48、リーダーシップ47、休み46、異名45、水分43、音頭43、名41、許可41、仮眠40、確認39、栄養37、コース36、一つ35、休養35、休息34、休憩34、イニシアチブ33、制度33、名前32、構造32、疲れ32、考え方32、アンケート31、戦略31、暖31、コピー30、拍子30、部屋30、金30、データ29、ノート29、手法27、方向27、笑い27、路線27、電話27、システム26、免許26、政権26、構え26、礼26、スタイル25、リズム24、予約24、大事24、やり方23、体裁23、平均23、方策23、統計23、記録23、スペース22、成績22、本22、構成22、アプローチ21、出し21、注文21、食物21、お金20、スタンス20、リスク20、作戦20、引け20、言動20、進路20、仕組み19、指紋19、歩調19、特許19、経過19、見解19、コンタクト18、ランチ18、体勢18、帽子18、情報18、繊維18、調子18、ペン17、ルート17、了解17、揚げ足17、表現17、評判17、調和17、野菜17、食品17、バックアップ16、パターン16、命16、新聞16、水気16、針路16、一命15、予算15、先手14、剣14、動詞14、天下14、政務14、食べ物14、人質13、休業13、油13、物13、肉13、脂肪13、蓋置き13、部分13、間隔13、題材13、餌13、コップ12、仕事12、同意12、塩分12、意味12、アク11、テープ11、ポジション11、動作11、単位11、実11、手綱11、授業11、料金11、施策11、武器11、水11、税11、行為11、見積もり11、調整11、銃11、ひしゃく10、アポ10、グラス10、下手10、出席10、原則10、均衡10、戦術10、期間10、税金10、言質10、骨10

［あげる］

　声1116、悲鳴427、顔403、例311、手239、成果226、効果

174、大声137、歓声115、利益105、笑い声102、叫び声100、うめき声77、名前64、成績61、餌57、叫び56、音50、頭50、唸り49、実績45、業績45、スピード44、名乗り41、片手41、プレゼント37、両手37、収益31、結婚式31、戦果30、産ぶ声30、理由29、ミルク28、泣き声28、祝杯28、しぶき27、眉27、線香27、金切り声27、煙26、奇声24、熱24、母乳23、鳴き声23、実例22、足22、腕21、雄叫び21、褒美20、お金19、事例19、右手19、喚声18、利潤17、鬨の声17、水しぶき16、飛沫16、功績15、数字15、気勢15、血道15、勝利14、特徴14、小遣い13、チョコ12、事実12、気炎12、祝言12、諸手12、項目12、あご11、御飯11、おっぱい10、おやつ10、ボリューム10、肥料10轟音10

[いだく]

　疑問168、思い133、関心128、興味106、感情99、不満89、期待75、気持ち75、女61、不安57、私57、疑い55、怨み51、赤ん坊51、疑念50、好意48、子供48、希望46、恐れ46、夢42、憧れ40、考え40、赤ちゃん40、印象37、反感36、好感33、彼女32、イメージ30、不審30、幻想29、不信28、危惧28、敵意27、猫24、恋心23、愛情23、疑惑23、確信22、意識21、感じ21、感想20、懸念20、殺意20、大志19、赤子19、敬意18、恐怖17、望み17、違和感17、妄想15、野望15、予感14、感覚14、自分13、情け12、憎しみ12、共感11、感慨10、憎悪10、野心10

[いれる]

　力1173、水440、手368、スイッチ313、電話270、チェッ

ク222、電源156、気合い146、切り込み142、塩131、砂糖121、連絡112、卵111、材料105、コーヒー96、指88、切れ目84、お茶74、念73、予約70、評価69、情報66、バター65、氷65、空気65、車65、切り目64、名前61、酒61、探り60、金60、ニンニク58、針56、牛乳55、粉55、包丁54、野菜54、本腰53、文字52、お金49、オイル49、ＣＤ49、酢48、油47、間髪46、お湯45、写真45、御飯45、足45、タマネギ44、子供44、具40、本40、土39、データ37、醤油37、カード35、突っ込み35、肉35、魚35、茶34、詫び34、ハサミ33、出し汁33、ガソリン32、ソフト32、毒32、豆腐32、商品31、生姜31、ギヤ30、湯30、紅茶30、言葉30、コイン29、ナイフ29、番号29、コショウ28、メール28、ライン27、音楽27、グラニュートー26、入れ墨26、生地26、蹴り26、カップ25、蜂蜜25、スープ24、メッセージ24、予定24、クリーム23、サラダ油23、ボール23、両手23、唐辛子23、明かり23、餅23、ミルク22、味噌22、昆布22、薬22、トマト20、切符20、鳥肉20、アドレス19、ワイン19、卵黄19、時間19、片栗粉19、荷物19、食べ物19、ごま油18、ジャガイモ18、ベーコン18、注文18、生クリーム18、肥料18、うどん17、チケット17、ファイル17、手紙17、挽き肉17、数字17、断わり17、牛肉17、豚肉17、資金17、部分17、かつお節16、コメント16、ニンジン16、パスワード16、洗剤16、電池16、みじん切り15、エビ15、ジュース15、チーズ15、ディスク15、大根15、日付け15、暖房15、ソース14、ネギ14、マヨネーズ14、切れ込み14、合いの手14、小麦粉14、片手14、知識14、ＩＤ14、ごみ13タオル13、土地13、意見13、数値13、梅干し13、椎茸13、炭13、茶々13、記号13、靴13、しょうが12、カメラ12、パン12、ルー12、全て

12、品物12、女性12、封筒12、条項12、生活12、画像12、Ｃ
Ｄ‐ＲＯＭ12、イラスト11、スペース11、ミリン11、中身
11、全部11、右手11、地図11、書類11、海水11、要素11、資
料11、道具11、カボチャ10、キャベツ10、ゼリー10、ドライ
バー10、ピーマン10、ヨーグルト10、模様10、筋交い10、糖
10

［うつ］

　手410、相槌223、終止符129、寝返り122、心118、ボー
ル105、胸103、ホームラン93、頭86、注射77、電報75、先手
68、釘58、ピリオド51、舌鼓48、ヒット45、対策42、キー
41、鉄砲33、人32、メール31、雪崩31、衛星29、これ28、弾
26、文字26、博打22、点滴22、柏手21、芝居21、私20、そば
19、それ19、ショット19、広告19、早鐘18、顔18、シュート
17、番号17、キーボード16、サーブ16、タイプ16、背中16、
花火16、タイムリー15、布石15、ミサイル14、鼓14、太鼓
13、逃げ13、レジ12、自分12、大砲11、契約11、尻11、コン
クリート10、ワクチン10、弾丸10、拳銃10

［おう］

　責任838、義務328、傷155、重傷152、リスク67、火傷
47、怪我45、責め42、障害35、責務33、債務32、負担32、借
金25、罪18、重軽傷18、深手15、任務14、ダメージ13、役目
13、軽傷13、ハンディキャップ12、致命傷10

［おかす］

　罪318、犯罪145、過ち112、殺人75、間違い53、ミス36、

誤り36、違反33、危険22、行為14、失敗12、大罪11、非行
11、私10

[おく]

　　重点440、手191、距離189、受話器180、重き110、グラス
75、荷物72、時間70、物68、力点67、規定60、基礎47、主眼
46、カップ45、箱44、信頼41、本部41、期間35、両手34、事
務所33、ウエート32、カーソル31、筆31、本社30、植物30、
皿30、器29、ボール28、本拠28、価値27、拠点26、目標26、
自分26、鉢26、イス25、バッグ25、石25、袋25、前提24、子
供23、間隔21、茶碗20、ベッド19、包み19、自転車19、カバ
ン17、コップ17、基盤17、根拠17、比重17、テーブル16、機
関16、ファイル15、ペン15、仮定15、紙15、置き物15、電話
15、コピー14、フォーク14、金14、アクセント13、タオル
13、写真13、家具13、コーヒー12、ポイント12、小物12、湯
飲み12、職員12、お金11、ケース11、トレー11、商品11、パ
ソコン10、名刺10、本拠地10、蝋燭10

[おくる]

　　生活894、メール554、人生280、日々184、手紙110、メッ
セージ102、拍手91、視線85、写真77、合図72、声援62、使
者54、エアー49、生涯45、信号44、金42、書簡38、画像38、
サイン37、商品37、情報36、データ35、余生32、時代32、一
生31、原稿30、ファックス26、挨拶24、荷物24、喝采23、私
23、暮らし21、お金20、切手20、ファイル18、彼女17、書類
17、言葉17、葉書16、証明16、報告15、書状15、本15、資料
15、軍隊15、食生活15、品物14、血液14、カード13、老後

13、賛辞13、返事13、通信13、コピー12、プレゼント12、代表12、子供12、年賀状12、眼差し12、空気12、記事12、青春12、テープ10、援軍10

[おこす]

　行動353、事故346、事件188、問題163、訴訟147、上体109、反応106、炎症105、障害105、発作91、反乱89、裁判75、かんしゃく73、トラブル71、変化68、症状66、上半身58、身体56、運動47、革命47、戦争45、事業42、騒ぎ42、痙攣40、現象39、やる気38、パニック37、半身37、アクション36、出血36、奇跡33、クーデター31、感染31、不良30、からだ29、爆発29、混乱28、炎27、謀反27、貧血27、下痢26、火26、アレルギー25、不祥事25、中毒24、気持ち24、訴え23、錯覚23、騒動23、異常22、目まい22、ヒステリー20、合併症20、暴動20、摩擦18、骨折18、麻痺18、テロ17、作用17、肺炎17、会社16、根腐れ16、脳震盪16、詰まり16、兵15、犯罪15、ブーム14、念14、洪水14、病気14、速記14、間違い13、火災12、突然変異12、転移12、電気12、不全11、噴火11、腹痛11、軍11、面倒11、争い10、事変10、核分裂10、頭痛10

[おこなう]

　活動1217、調査930、事業801、検討733、整備699、指導686、業務606、研究563、支援372、作業359、開発335、処理326、管理323、評価318、実験315、検査299、行為291、見直し290調整278、訓練262、補助251、援助242、交換241、提供237、助成220、投資219、分析218、協力210、設定208、教育206、治療203、手続き194、工事181、確認181、事務175、

決定173、職務167、操作164、改正162、試験157、規制148、審査141、審議141、貸し付け137、相談136、取り組み133、説明127、サービス126、運営125、運動122、処分121、融資120、交渉114、取り引き114、改革108、計算107、改善105、対策103、申請101、質疑101、協議97、研修97、販売97、手術96、療法94、変更93、運用92、措置90、放送90、助言88、生産88、経営85、設計85、授業84、対応83、チェック80、努力77、報告77、政治77、測定77、給付77、判断76、募集76、比較75、提案74、指定72、施策72、準備71、行動71、登録70、解析70、収集69、診断69、仕事67、テスト66、介護64、通信63、点検62、勧告61、申告57、選択57、整理56、演説56、討論56、議論56、配慮56、受け付け55、表示55、選挙55、監視54、修正53、提言53、観察53、講演53、監督52、練習52、要請52、認定52、請求52、処置51、作成50、講習50、交流49、判定49、届出49、撮影49、儀式48、発表48、改定46、監査46、展示45、強化44、投票44、公演42、建設42、申し立て42、イベント41、供給41、医療41、取り締まり41、質問41、拡充40、検証40、行政40、保護39、引き上げ39、捜査39、政策39、検索39、編集39、行事39、通知39、拠出38、改良38、攻撃38、更新38、観測38、面接38、シミュレーション37、会見37、採決37、改修37、清掃37、配分37、トレーニング36、制限36、動作36、検定36、加工35、啓発35、答申35、紹介35、討議35、麻酔35、働き掛け34、学習34、作り33、抽選33、指示33、試合33、輸送33、アドバイス32、処遇32、制御32、決議32、派遣32、移転32、考察32、キャンペーン31、削減31、取りまとめ31、承認31、補正31、調達31、運転31、配布31、会談30、分類30、打ち合わせ30、批判30、

聴取30、話し合い30、ケア29、コミュニケーション29、伝達
29、作戦29、反応29、向上29、葬儀29、裁判29、設置29、選
定29、利用28、割り当て28、導入28、投与28、移動28、補償
28、調停28、貢献28、貿易28、転換28、回収27、工作27、戦
争27、把握27、申し入れ27、補給27、接種26、診療26、輸出
26、付け25、保証25、営業25、執行25、契約25、拡大25、支
払い25、編成25、調節25、コンサート24、交付24、供与24、
修理24、公開24、変換24、実習24、展開24、発行24、発言
24、解除24、諮問24、講義24、集計24、アンケート23、スポ
ーツ23、形成23、支給23、生活23、競争23、緩和23、署名
23、育成23、除去23、宣言22、推進22、査定22、移植22、立
入検査22、策定22、要求22、選任22、やり取り21、介入21、
会議21、借り入れ21、償却21、印刷21、工夫21、徴収21、注
入21、減税21、演奏21、表彰21、解説21、記録21、課税21、
連絡21、カウンセリング20、ゲーム20、コントロール20、主
張20、労働20、取得20、売買20、実施20、宣伝20、改造20、
検診20、法要20、認可20、貸し出し20、養成20、パトロール
19、ヒアリング19、光合成19、取り扱い19、取り調べ19、受
け入れ19、尋問19、指摘19、演習19、申し込み19、行使19、
試み19、認証19、連携19、配当19、鑑定19、アセスメント
18、インタビュー18、ツアー18、ライブ18、出資18、委託
18、届け出18、接続18、栽培18、構成18、決済18、注射18、
祭祀18、融通18、表明18、プレゼンテーション17、催し17、
対話17、引き下げ17、提起17、方法17、替え17、消毒17、祈
祷17、補強17、計画17、講座17、鉱業17、マーケティング
16、レビュー16、供養16、健診16、制作16、呼び掛け16、家
事16、改訂16、製造16、訪問16、開示16、ＰＲ16、ビジネス

15、会合15、体操15、再編15、命令15、大会15、射撃15、採血15、支配15、祭り15、裁定15、記述15、詰め15、誘導15、警告15、選考15、フォローアップ14、不正14、予測14、保育14、全て14、分割14、切り替え14、削除14、呼吸14、圧縮14、実務14、広報14、手入れ14、抽出14、換気14、支出14、普及14、照射14、確保14、礼拝14、算定14、管制14、製作14、親権14、解決14、計測14、託児14、試算14、農業14、配置14、関与14、イノベーション13、コンサルティング13、サポート13、デザイン13、デモ13、マッサージ13、予防13、事項13、交易13、公表13、分配13、勤務13、取り消し13、増設13、増資13、奇跡13、弾圧13、推計13、犯罪13、視察13、解剖13、解明13、許可13、証明13、買い付け13、転送13、輸入13、造成13、配備13、集会13、ストレッチ12、モニタリング12、リストラ12、リハビリテーション12、体験12、作用12、分離12、合わせ12、合併12、固定12、寄付12、広告12、性行為12、採用12、書き込み12、殺人12、洗浄12、活用12、照会12、爆撃12、生殖12、略奪12、発信12、発注12、統治12、解釈12、診査12、譲渡12、込み12、返済12、追加12、運送12、配信12、インストール11、ショー11、ミーティング11、メンテナンス11、世話11、伝送11、停止11、入力11、入札11、再生11、分け11、取り11、取材11、変革11、定義11、実践11、延長11、挨拶11、改築11、教養11、案内11、構築11、照査11、犯行11、申し合わせ11、神事11、統合11、聴聞11、虐殺11、補充11、証言11、謝罪11、負担11、送信11、通り11、通告11、鑑別11、開拓11、スキャン10、スピーチ10、フィードバック10、レコーディング10、ワーク10、交代10、仕上げ10、修練10、修行10、償還10、入れ替え10、分担10、切除

10、取り付け10、対処10、弁済10、戦闘10、手洗い10、抗議10、捜索10、探索10、救済10、教室10、方向づけ10、治験10、献金10、産卵10、申し出10、療養10、破壊10、祭儀10、究明10、経理10、行進10、要望10、見学10、見積もり10、送受信10、透析10、通訳10、遠征10、飛行10

[おさめる]

　　成功220、勝利118、成績36、成果35、勝ち10、姿10

[おぼえる]

　　名前120、違和感112、言葉89、怒り81、顔70、感動67、仕事58、快感50、興味48、恐怖45、痛み44、共感42、錯覚39、感覚34、興奮34、味32、戸惑い29、目まい29、不安28、喜び27、いら立ち26、胸騒ぎ24、文字22、吐き気21、親しみ21、驚き21、不満20、寒気20、方法20、私20、こつ19、感じ19、歌19、使い方18、嫌悪18、予感17、単語17、場所17、感慨17、安らぎ16、抵抗16、日本語16、台詞15、疲れ15、ショック14、愛着14、戦慄14、渇き14、内容13、安堵13、満足13、同情12、悲しみ12、操作12、料理12、衝動12、ルール11、感銘11、疲労11、英語11、反発10、感触10、迷惑10

[およぼす]

　　影響1278、悪影響176、支障68、被害66、効果47、害45、力42、作用26、危害23、危険18、効力16、好影響14、迷惑14、損害13、障害12

[くだす]

　　判断167、命令113、判決100、決断94、決定78、評価55、結論37、診断33、判定19、裁定15、継ぎ手14、審判12、指示12、宣告10﹀

[かざる]

　　花74、優勝71、表紙43、写真21、最後21、勝利19、デビュー17、絵17、身16、錦15、巻頭13、連勝13、紙面12、トップ10

[きる]

　　電話564、言葉171、電源164、縁155、首148、髪134、スタート125、水気124、木123、シャッター113、スイッチ110、ハンドル110、口火77、エンジン72、啖呵36、先陣35、十字35、先頭34、期限32、火蓋31、切符30、糸30、肉30、自腹28、部分25、野菜25、根源24、紙24、茎23、根22、髪の毛20、テープ18、竹18、カード16、カーブ16、下手16、時間16、鯉口16、身銭15、タマネギ14、大見得13、手首13、関係13、クラッチ12、トップ12、携帯12、材料12、線12、豆腐12、お腹11、ステアリング11、縄11、相手10、石突き10、腕10

[くむ]

　　腕303、手183、ローン126、両手73、予算72、コンビ70、チーム55、徒党42、特集38、スケジュール34、プログラム23、バンド21、ペア21、スクラム19、連立17、タッグ16、予定16、編隊16、隊列16、座禅14、ローテーション13、ネット

ワーク12、あぐら11、バッテリー11、円陣11、船団11、足場
11、体制10、行列10

［くわえる］

　　手256、水204、検討126、力119、危害108、塩108、修
正93、砂糖75、説明70、汁64、醤油64、牛乳56、熱54、圧力
51、変更49、制限48、改良47、適宜46、電圧45、コショウ
42、制裁42、バター40、卵40、攻撃40、酒40、解説37、暴行
34、酢33、タマネギ31、材料30、生クリーム29、工夫28、批
判28、規制28、カップ27、ミリン24、野菜24、要素23、チー
ズ22、御飯21、ニンジン20、ワイン20、蜂蜜20、一撃19、出
し汁19、手心19、注釈19、考察19、アレンジ18、トマト18、
みじん切り17、葉17、薄力粉17、スープ16、ピーマン16、生
姜16、配慮16、しょうが15、エタノール15、ニンニク15、圧
迫15、挽き肉15、溶液15、小麦粉14、損害14、水溶液14、豚
肉14、エッセンス13、ゼラチン13、パウダー13、パセリ13、
制約13、卵黄13、改善13、片栗粉13、豆腐13、ソース12、ネ
ギ12、天誅12、湯12、糖12、解釈12、項目12、ごま油11、イ
ンゲン11、オイル11、ジュース11、スパゲッティ11、体罰
11、射撃11、捻り11、硫酸11、精油11、調整11、わかめ10、
コメント10、ピューレ10、分析10、唐辛子10、打撃10、昆布
10、暴力10、論評10、金10

［しめる］
味29、首28、ドア25、ネクタイ24、戸21、位置15、心胆11

[たてる]

音689、計画532、生計111、対策84、目標80、聞き耳76、仮説74、戦略46、見通し45、手柄44、親指43、作戦42、プラン41、予定40、旗39、寝息36、方針32、伺い30、湯気30、目くじら29、スケジュール27、笑い声25、担保24、人差し指23、筋道22、波風21、誓い21、足音20、もの17、企画17、蝋燭17、アンテナ16、予測16、支柱16、暮らし16、三脚15、噂15、看板15、小指14、問い13、物音13、証し13、予想12、問題12、構想12、線香12、候補11、水音11、設計11、中指10、人さし指10、政策10、方策10

[たれる]

頭162、首39、釣り糸28、文句10

[つくる]

料理245、環境186、形178、子供166、社会157、作品153、時間150、体制136、関係136、巣135、システム126、会社126、御飯121、組織119、きっかけ116、機会115、制度114、道路113、仕組み109、笑顔108、食事108、弁当106、法律102、施設101、製品101、計画99、グループ93、ホームページ90、友達90、口座86、映画86、曲86、チーム83、ソース82、状況80、詩79、カード75、生地75、ルール73、表情73、原因72、歌71、家69、リスト67、国67、空間65、酒65、チャンス64、カレー61、世界61、プログラム59、人間59、ケーキ58、番組58、スープ55、車55、ページ54、船54、パン53、流れ53、道53、ネットワーク52、商品52、基準52、基礎52、状態51、音楽51、学校50、フォルダ48、野菜48、イメージ

47、クリーム47、図47、ダム45、部屋45、お菓子44、地図44、場所44、夕食44、思い出44、モデル43、国家41、家庭40、箱40、墓39、工場39、構造39、雰囲気39、文章38、模型38、花38、スペース37、基盤36、小屋36、山36、文36、枠36、部分36、サラダ35、液35、集団35、都市34、おにぎり33、リズム33、人形33、仲間33、建物33、組合33、アルバム32、ノート32、ワイン32、敵32、記録32、道具32、みそ汁31、ファイル31、朝食31、模様31、行列31、サンドイッチ30、庭30、服30、俳句29、店29、政府29、歴史29、群れ29、駅29、型紙28、教科書28、池28、物語28、網28、自分28、装置28、隙間28、団体27、団子27、書類27、未来27、枠組み27、線27、ギョーザ26、問題26、御馳走26、センター25、メニュー25、物質25、ＣＤ25、ＩＤ25、クラブ24、ポスター24、基地24、彼女24、着物24、資料24、飾り24、住宅23、作物23、夕飯23、町23、豆腐23、ゼリー22、ドレッシング22、マップ22、実績22、政権22、橋22、畑22、サイト21、ジュース21、トンネル21、マシン21、マニュアル21、メレンゲ21、ロボット21、借金21、口実21、固まり21、土台21、態勢21、憲法21、文書21、日陰21、時代21、機関21、煮物21、種子21、雑誌21、からだ20、チャーハン20、プラン20、囲い20、地域20、文化20、爆弾20、粥20、結び目20、複製20、うどん19、ゲーム19、ドラマ19、公園19、原型19、友人19、句19、塩19、床19、法案19、画像19、身体19、風景19、飲み物19、アリバイ18、コーナー18、ジャム18、パターン18、レイアウト18、入れ歯18、名刺18、堆肥18、家族18、抗体18、武器18、法人18、渋面18、絵本18、自動車18、言葉18、飛行機18、骨組み18、カクテル17、クッキー17、コピー17、シチュ

ー17、リース17、人脈17、仕掛け17、体系17、文字17、標本
17、短歌17、規則17、部品17、電気17、おかず16、クレジッ
トカード16、ストーリー16、ソフト16、パーツ16、ラーメン
16、姿勢16、条例16、染み16、茶16、記事16、飯16、おもち
ゃ15、お金15、ところ15、エンジン15、チーズ15、パスタ
15、パンフレット15、予算15、市場15、彼氏15、眼鏡15、石
けん15、秩序15、細胞15、舞台15、薬15、資金15、銀行15、
コース14、シロップ14、ハンバーグ14、ライン14、体質14、
場面14、恋人14、港14、笑み14、美術館14、おでん13、アニ
メーション13、コーヒー13、シナリオ13、シート13、ビデオ
13、大学13、拠点13、散らし13、方程式13、望遠鏡13、機構
13、目標13、結晶13、花びら13、衣服13、財産13、軍隊13、
靴13、麹13、カレンダー12、セット12、データ12、データー
ベース12、バッグ12、ブランド12、ブログ12、ホーム12、レ
シピ12、ロケット12、企業12、味噌12、回路12、基金12、大
仏12、居場所12、年賀状12、時計12、機械12、漬け12、焼そ
ば12、王国12、生活12、病院12、花束12、菓子12、規定12、
足場12、お化け11、つながり11、エネルギー11、キャラクタ
ー11、グラタン11、グラフ11、コミュニティー11、スタイル
11、ソフトウェア11、テーブル11、ホルモン11、下地11、事
実11、仕切り11、内閣11、堤防11、愛人11、文明11、木陰
11、花壇11、裏金11、Tシャツ11、おかゆ10、おむすび10、
ショートカット10、シール10、バック10、ビール10、ブーケ
10、プディング10、ラップ10、ループ10、三角形10、乗用車
10、人生10、例外10、円陣10、写真10、原稿10、合鍵10、壺
10、年金10、戦略10、戸籍10、景観10、書庫10、稲10、空気
10、精子10、統計10、絵10、菜園10、設備10、調書10、輪郭

10、通路10、飛行場10

[だす]

　　顔1186、声1125、手926、結論320、金287、音244、お金222、手紙216、もの203、大声187、指示186、結果165、答え145、本143、熱141、命令137、名前121、元気86、利益80、死者80、頭80、広告76、メール71、ごみ70、問題69、スピード68、注文68、船65、意見64、アイディア63、助け船63、薬62、パス61、名60、料理59、葉書55、言葉55、例54、物54、資金54、雰囲気54、声明50、指令50、返事50、通達49、サイン48、知恵47、名刺46、数字46、赤字43、お茶41、味41、通知40、高熱40、条件39、感情38、法案38、資料38、損失37、年賀状36、効果35、看板35、辞表35、アルバム34、写真34、見積もり34、許可34、カード33、成果33、やる気32、自分32、要求32、願い32、記録30、香り30、情報29、申請29、オーケー28、中身28、宿題28、暇28、商品27、感じ27、食事27、コメント26、判決26、質問26、タバコ24、ボリューム24、手帳24、被害24、計画24、ハンカチ23、ビール23、方針23、ボール21、レコード21、使い21、宣言21、考え21、カメラ20、タイム20、書類20、部分20、黒字20、動き19、勧告19、文書19、見解19、財布19、費用19、酒19、両手18、使者18、儲け18、報告18、家18、希望18、損害18、煙18、特色18、話18、額18、コク17、尻尾17、損17、放射線17、気持ち17、汗17、データ16、布告16、手形16、答申16、距離16、雑誌16、ウインカー15、パワー15、二酸化炭素15、依頼15、全て15、子供15、物質15、鼻血15、コーヒー14、ヒント14、作品14、回答14、要望14、課題14、エネルギー13、オーラ13、

個性13、右手13、合計13、封筒13、数値13、新聞13、時計
13、犠牲13、画面13、礼状13、紙幣13、金額13、電波13、オ
ファー12、処方箋12、匂い12、実名12、手当て12、方向12、
特徴12、製品12、記事12、詩集12、酸素12、願書12、うま味
11、クイズ11、コタツ11、ボート11、ボーナス11、ランナー
11、不渡り11、仕事11、信号11、合図11、大金11、布団11、
平均11、支店11、気分11、水分11、涙11、著書11、お腹10、
ゴーサイン10、シャワー10、予算10、提案10、政策10、粘り
10、考え方10、葬式10、証拠10、話題10、違い10

[とばす]
　　車28、唾21、ヒット19、水分17、タクシー15、冗談15、
飛行機13、ジョーク10

[はたらく]
　　悪事38、盗み34、不正27、行為27、乱暴19、不貞16、詐
欺15、強盗14、狼藉10

[はなつ]
　　光229、火115、輝き74、異彩60、矢49、悪臭46、声31、
香り24、ヒット23、安打23、
　　シュート19、二塁打19、匂い18、タイムリー17、光沢
17、異臭16、本塁打13、芳香13、光彩11、蹴り10

[ほどこす]
　　加工55、教育55、処理40、肥料36、装飾30、化粧26、対
策24、彫刻22、治療22、面目21、処置20、手術19、細工17、

デザイン16、刺繍16、塗装16、恩恵16、修正14、解釈14、訓練13、工夫12

［むける］

　目1009、背600、顔437、視線300、背中142、眼132、注意127、カメラ88、眼差し79、笑顔62、関心62、銃口61、銃42、矛先37、瞳29、意識26、笑み26、マイク19、レンズ19、刃18、尻18、気持ち17、表情15、拳銃13、機首13、手のひら12、微笑10

［もつ］

　力1526、意味1290、興味1264、関心918、責任727、自信647、関係586、能力487、機能479、意識438、性質389、障害385、性格359、疑問335、子供312、考え300、余裕298、知識296、目的292、関わり284、気持ち272、経験263、資格252、歴史249、技術240、効果236、特徴233、好意218、誇り210、構造207、勇気205、印象202、権利195、イメージ194、希望192、権限187、金187、認識178、確信168、役割163、価値162、情報161、権力160、作用154、銃153、夢149、意義149、感情148、意志138、不満136、仕事135、好感135、ボール130、目標129、お金127、荷物123、誠意120、内容118、考え方118、時間117、信念113、本112、感覚111、武器109、側面106、カメラ105、広がり104、精神103、家庭102、つながり101、免許100、趣味99、疑い98、要素98、期待96、意見95、感じ94、才能94、車94、機会93、意欲92、雰囲気90、傾向89、ゆとり88、思い88、自覚87、特性86、働き84、所帯84、口座83、信仰82、写真82、エネルギー81、悩み80、資産

80、カード78、家77、愛情77、花76、意図75、こだわり74、言葉73、関連73、バッグ72、電話72、意思67、効力66、勢力66、感想66、組織66、部分66、個性65、袋65、視点65、遺伝子65、文化64、パワー62、聞く耳62、肉体62、グラス61、土地61、弁当61、影響61、情熱61、手段61、権威61、携帯60、熱意59、鍵59、伝統58、傘58、姿勢58、箱58、背景58、電荷58、思想56、性能56、響き56、偏見55、幅55、魅力55、実力54、経歴54、カバン53、根拠53、名前52、国籍52、実績52、意味合い52、規模52、計画52、反感51、愛着51、体験50、交渉49、悪意49、手帳49、書類49、見解49、資料48、起源48、特色47、見通し47、問題46、病気46、財産46、ＩＤ46、プライド45、道具44、タオル43、土産43、方法43、一致41、思いやり41、発送41、習慣41、職業41、親しみ41、条件40、基盤39、形態39、態度39、技能39、紙39、自分39、工場38、腕38、人格37、先入観37、包丁37、怨み37、手紙37、生き甲斐37、翼37、ビジョン36、理解36、データ35、不安35、仕組み35、公報35、共感35、基準35、肩書き35、視野35、ノウハウ34、マイク34、包み34、役目33、憧れ33、武力33、義務33、覚悟33、重み33、電灯33、システム32、世界32、交流32、実感32、拳銃32、接触32、敬意32、決意32、理由32、知恵32、記録32、願望32、ナイフ31、パソコン31、制度31、核兵器31、装置31、資金31、身体31、名刺30、展望30、感性30、概念30、設備30、過去30、違和感30、まとまり29、コンプレックス29、シェア29、使命29、疾患29、発想29、箸29、観念29、ペン28、リアリティー28、喜び28、娘28、拠点28、政策28、書面28、活性28、異名28、話し合い28、資質28、イス27、ケース27、戦略27、接点27、柔軟性27、欲求27、秘密

27、記憶27、コーヒー26、パスポート26、敵意26、知性26、花束26、茶碗26、酒26、ほうき25、アイディア25、コップ25、体質25、動機25、哲学25、在庫25、常識25、槍25、お菓子24、スタイル24、ビール24、人口24、会社24、兵力24、店舗24、松明24、様式24、特権24、特質24、理性24、竿24、自由24、葉24、表情24、課題24、針24、鉛筆24、ギター23、主体性23、判断23、印鑑23、友達23、地位23、威力23、支店23、文明23、方針23、星23、欠点23、欠陥23、見識23、輝き23、野心23、頭脳23、魔力23、パイプ22、体系22、刃物22、商品22、家族22、屋根22、文字22、文書22、疑念22、結果22、脳22、言語22、質量22、足22、鉄砲22、カップ21、バケツ21、会合21、凶器21、利益21、地図21、強度21、怒り21、意向21、新聞21、構想21、構成21、法律21、疑惑21、羽根21、資本21、部屋21、飲み物21、ダンベル20、ニーズ20、原稿20、名称20、因子20、大金20、水準20、財布20、電子20、香り20、テーマ19、ノート19、パターン19、ピストル19、フォーク19、ライフル19、以上19、全て19、別荘19、危惧19、卵19、夫19、威厳19、容量19、息子19、時計19、望み19、株式19、機構19、欲望19、盾19、筆19、素質19、船19、電気19、靴19、アイデンティティー18、キー18、クラブ18、スーツケース18、ネットワーク18、ポジション18、リズム18、傷18、向上心18、味わい18、変化18、妻18、強み18、心構え18、提灯18、理念18、生活18、皿18、知能18、規定18、軍隊18、お茶17、ガン17、スプーン17、タバコ17、プレゼント17、主義17、免疫17、切符17、名義17、弓17、形式17、思い出17、憲法17、指17、気概17、癖17、着替え17、称号17、耐性17、自負17、資源17、選択肢17、部門17、関わり合い17、

領域17、食べ物17、驚き17、ウエート16、センス16、トランク16、ニュアンス16、ロープ16、両方16、主張16、交わり16、任務16、光沢16、受話器16、品物16、定款16、志向16、感受性16、教養16、楽しみ16、毒性16、注意16、番組16、神経16、紙袋16、絵16、習性16、表現16、面積16、アドレス15、ウマ15、キャリア15、クレジットカード15、コネ15、コピー15、チャンネル15、ボード15、事務所15、代わり15、優位15、分野15、利害15、利点15、外観15、弱点15、技量15、抗体15、施設15、父親15、理想15、相関15、空間15、蝋燭15、製品15、親15、証拠15、速度15、願い15、うちわ14、アレルギー14、ウイルス14、ステッキ14、セット14、デジカメ14、トレー14、ドル14、ハンディー14、ルーツ14、ルート14、予断14、別名14、力量14、厚み14、合鍵14、宗教14、属性14、感動14、成分14、手土産14、方向14、日付け14、木刀14、本質14、決定14、節度14、自身14、色彩14、距離14、DNA14、お子さん13、カーソル13、スキル13、スペース13、テープ13、ドメイン13、パン13、ビデオ13、ピーク13、ホームページ13、メモ13、ラケット13、不動産13、両親13、事業13、人気13、信頼13、債権13、兵器13、写し13、勢い13、古里13、含み13、執着13、基礎13、太刀13、子会社13、庭13、弟子13、形質13、思考13、懸念13、敷地13、期間13、母13、特長13、症状13、砲13、答え13、結び付き13、結合13、表面13、装備13、論理13、議席13、軸13、輪郭13、運命13、金額13、銚子13、風格13、おもちゃ12、アルバム12、インパクト12、コンセプト12、ジュース12、センター12、ファン12、ポリシー12、ランプ12、リーダーシップ12、主権12、人脈12、伝承12、伝説12、作品12、分布12、剛毛12、動き12、友人

12、場所12、学位12、寿命12、封筒12、市場12、情け12、憎しみ12、手法12、材料12、楽器12、特許12、理論12、番号12、着物12、組み合わせ12、腕前12、茶12、身分12、迫力12、領地12、シャベル11、チケット11、ハサミ11、ブログ11、メリット11、レンズ11、両面11、予算11、交点11、会議11、価額11、効用11、匂い11、器官11、壺11、外貨11、姓11、実権11、容器11、尊厳11、尊敬11、小銃11、幻想11、感慨11、数字11、斧11、有無11、機械11、比重11、狙い11、畑11、真心11、知らせ11、秩序11、結論11、縄張り11、缶11、肌11、脚11、芳香11、行動11、行為11、裏付け11、要求11、贈り物11、足首11、過半数11、錯覚11、長所11、雑誌11、食料11、鼻11、インセンティブ10、ゲーム10、ソフト10、チーム10、ファイル10、プログラム10、ポート10、メカニズム10、丸み10、主題10、丼10、体制10、余人10、切れ10、制10、収入10、女の子10、女10、密度10、感触10、扇子10、手綱10、本店10、本拠10、欲10、活力10、深み10、環境10、用紙10、男の子10、称呼10、立場10、竹刀10、素養10、葉書10、親交10、論文10、身振り10、通帳10、違い10、部下10、野望10、音感10、

[よせる]

　皺202、身198、眉146、関心141、顔91、期待90、眉根76、思い66、意見64、信頼63、好意55、心51、口40、体33、車32、唇31、回答26、情報20、耳20、頬18、同情16、コメント14、額11、肩10

［発する］

言葉157、声148、命令92、警告91、音53、光44、問い41、奇声28、質問26、指令20、警報19、匂い17、高熱17、メッセージ16、通知14、宣言13、信号12、火12、辞令12、オーラ11、唸り10

［感じる］

痛み264、魅力260、責任165、喜び162、ストレス137、気配134、疑問131、違和感125、視線121、危険115、恐怖108、幸せ91、不安85、必要74、親しみ71、抵抗68、怒り63、不満59、疲れ57、自分55、温もり52、手答え50、匂い48、雰囲気48、歴史46、脅威45、生き甲斐43、愛情42、違い42、限界41、重み40、やり甲斐38、存在36、困難35、プレッシャー34、流れ32、変化31、空気31、驚き31、春30、秋30、誇り30、エネルギー29、戸惑い29、季節28、焦り28、悲しみ27、矛盾27、恐れ26、意識26、興味26、問題25、いら立ち24、反発24、快感24、思い24、異常24、安らぎ23、寒気23、引け目23、負い目23、負担23、孤独22、愛着22、嫌悪21、自然21、不自由20、年齢20、不足19、危機19、嫉妬19、息吹き19、疲労19、衝撃19、気持ち18、ロマン17、刺激17、時代17、温かみ17、動き16、意味16、苦痛16、不快15、体温15、幸福15、衰え15、距離15、コンプレックス14、恩義14、欲望14、胎動14、興奮14、訪れ14、うま味13、オーラ13、ショック13、予感13、効果13、圧力13、感覚13、殺気13、目まい13、苦味13、運命13、重圧13、風格13、鼓動13、エクスタシー12、ギャップ12、吐き気12、広がり12、感触12、縁12、苦しみ12、センス11、価値11、情熱11、意義11、振動11、異変11、自身

11、調べ11、迫力11、夏10、意志10、揺れ10、文化10、気分10、満足10、痛痒10、自由10、色気10、誠意10

[科す]

　用例10以上の名詞がない。

[生じる]

　効力129、問題57、誤解30、支障29、利益22、損失21、被害21、変化20、効果15、亀裂13、歪み13、混乱13、不足12、危険12、変更12、結果12、障害11、赤字10

[はらう]

　注意487、犠牲328、金267、お金263、努力121、税金107、敬意99、料金92、税66、代金55、関心49、ローン43、家賃36、勘定33、給料32、年金31、手数料27、配慮24、代償22、金利21、それ20、考慮20、費用20、会費19、罰金18、金額18、報酬17、ドル15、利息15、コスト13、代価13、借金13、大金13、月謝13、誇り13、邪気13、賃金12、保険10、運賃10

　村木（1991）に挙げられた、ヴォイス的な意味を表現する機能動詞と共起できる名詞リストから見れば、これらの動詞はほとんど実質動詞の用法と機能動詞の用法を両方持っている。「つくる」のように物名詞と組み合わせ、実質動詞として圧倒的に多く使われる動詞もあり、「おこなう」のように動作名詞と組み合せ、基本的に機能動詞として使用される動詞もある。語結合のタイプは構成要素の性格によって変わるので、これらの動詞は二種類の語結合を構成できる。ただし、実際の使用

状況から明らかな偏りが見える。

4. おわりに

　以上、語彙統語論的なヴォイスという概念及び実際の使用状況について説明した。村木は網羅的に語彙統語論的なヴォイスについて記述したが、語彙統語論的な表現手段によるヴォイスのあり方や形態論的なヴォイスとの関係に関しては、まだ十分に検討されていない。

　本研究は、村木の機能動詞論を受け継ぎ、代表的な語彙を取り上げて、語彙統語論的なヴォイスのあり方について考察しようとする。具体的には、従来現代日本語ヴォイス研究の中心となる能動受動の対立と、使役に注目する。

　「能動—受動」に関する考察は、動詞「あたえる—うける」を対象にする。使役構文はさらに人間と人間に対するはたらきかけを表現するものと、因果関係を表現するものに分けられるので、他動使役に関する考察については、前者の考察対象を「まかせる」、後者の考察対象を「もたらす」二つにする。

第二部

語彙統語論的な手段による
能動・受動の表現

第四章　を格の漢語動名詞と「あたえる」「うける」からなる語結合

1. はじめに

　　現代日本語のヴォイスについては、研究者によって扱う範囲が異なっているが、一般に「能動－受動」の対立を中心に考察されるのがふつうであり、この対立は、仕手と受け手がとる格や動詞の形態（「（ら）れる」の有無）の交替によって表現される。これに対して、従来のヴォイス研究においてほとんど研究対象となっていないものとして、「語彙統語論的なヴォイス」がある。これに注目したのは、村木新次郎氏である。

　　村木（1991）は、「みつかる」「つかまる」などの受動動詞が「語彙的」な手続きであり、「読まれる」「書かせる」などの派生動詞が「形態論的」な手続きであるのに対して、「注目をあびる」「発展をもたらす」「保護をうける」「刺激をあたえる」のような語結合を「語彙統語論的な手続き」と呼んでいる[①]。本章は、こうした語彙統語論的な

---

① 村木（1991）によれば、こうした語結合における「あびる」「もたらす」「うける」「あたえる」は、実質的な意味を名詞にあずけて、みずからはもっぱら文法的な機能をはたす動詞、すなわち機能動詞として働いている。また、言語学研究会編（1983）でも、を格動作性名詞と「あたえる」「うける」からなる語結合は連語（自由結合）から区別されており、実質的に合成動詞として捉えられている。そのとき「あたえる」「うける」は語結合の土台ではなくなり、助動詞に近いものになると指摘されている。

手続きのうち、漢語動名詞と「あたえる」「うける」からなる語結合を取り上げ、ヴォイス表現としての特質を探ることを目的とする。

　具体的には、まず、語彙統語論的なヴォイス文およびヴォイス対立が成り立つための条件を明らかにする。次に、語彙統語論的なヴォイスと形態論的なヴォイスの違いを明らかにする。「天候は投票率に影響をあたえる」と「天候は投票率に影響する」、「投票率は天候に影響をうける」と「投票率は天候に影響される」とは相互に置き換え可能であるが、多くの用例を観察すれば、仕手と受け手を表す名詞のクラスの分布など、形態論的なヴォイス文には使用の偏りがあることがわかる。

2.　考察の対象

　本章では、語彙統語論的なヴォイスの代表的な表現手段として、動詞「あたえる」「うける」と動作性の漢語動名詞からなる語結合を考察対象にする。考察には、『現代日本語書き言葉均衡コーパス』（国立国語研究所）から収集した用例を用いる[①]。

　なお、漢語動名詞と「あたえる」「うける」からなる語結合のすべてが語彙統語論的なヴォイス表現になるわけではない。例えば、「影響をあたえる」が語彙統語論的なヴォイス表現であるといえるのは、この語結合に用いられている「あたえる」は、一般的な連語である「餌をあたえる」の「あたえる」とは違って実質的な意味を失っており、「影響をあたえる」全体で「影響する」といった能動態に相当する意味を表し

[①]　用例検索にあたっては、「中納言」の短単位検索を実行した。

ていると判断できるからである^①。ただし、漢語動名詞と「あたえる」「うける」からなる語結合がヴォイス表現化しているのか、連語にとどまるのかの線引きは容易ではない。ここでは、言語学研究会編（1983）における連語の記述を参照し、そこで扱われている語結合を連語とみなして考察対象からはずす。例えば、「意味をあたえる、選択をあたえる、注文をうける、贈与をうける」などである。

3.　漢語動名詞と「あたえる」「うける」からなるヴォイス表現のタイプ

漢語動名詞と「あたえる」「うける」からなるヴォイス表現の多くは、能動・受動のヴォイス対立に関係しているが、それ以外のものもある。ここでは、それらを含め、漢語動名詞と「あたえる」「うける」からなる語結合がヴォイス表現になるときのヴォイスのタイプについて見ておきたい。

3.1　「あたえる」「うける」が能動・受動の関係あるもの

「指示、命令、忠告、警告、保護、支援、支持、承認、刺激、影響、打撃、衝撃」といった漢語動名詞は、「あたえる」とも「うける」とも結合し、能動文と受動文に相当するヴォイス表現として成立している。まず、「命令」の例を挙げる^②。

---

① 動作性の漢語動名詞は基本的にサ変動詞になる。しかし、サ変動詞になることを基準として考察対象を選別することには問題がある。対応する形態論的なヴォイス（「〜する／される」）が存在することが前提になってしまうからである。対応する形態論的なヴォイスが存在するか否かとは関係なく、それ自体が語彙統語論的なヴォイスの表現として成立しているか否かを基準とすべきである。そうしなければ、語彙統語論的なヴォイスは形態論的なヴォイスの単なる言い換えになってしまい、独自の領域が見えなくなる。

② 用例中で下線を引いた部分はヴォイス表現となる語結合や動詞の形態であり、太字にした部分は項にあたる名詞である。なお、項にあたる名詞が当該節中になく、文脈からわかる場合はそれがわかる部分を太字にする（その際、助詞は太字にしない）。

　　　1　「とても追いつけんな」そういって彼は砲術長に命令
をあたえた。（悪魔の選択）
　　　2　第三中隊は敢然として全火力を挙げて攻撃中、連隊本
部から「前進準備」の命令を受けたが、第一線は大激戦の真
っ最中で先ず正面の敵を撃破せねば前進できない。（南十字
星に向かって）

これらは、「命令する」「命令される」といった形態論的なヴォイ
スによって表される意味にきわめて近いといえよう。
　ただし、常に形態論的なヴォイスに変換可能かといえばそうではな
く、例えば、例2については、「命令」に規定語に飾られていることか
ら、「命令を受けた」をそのまま「命令された」に変えることはできな
い。また、

　　　3　このように、ウェブサイトの作成者たちはサーチ・エ
ンジンに影響を与えようとし、サーチ・エンジンはサイト作
成者たちから影響を受けまいとする。（インターネットにつ
いて）

のような例では、「影響を与えようとし」を「影響しようとし」に
変えることができない。「命令」に比べて「影響」は、形態論的なヴォ
イスと語彙統語論的なヴォイスとの間に隔たりがある。
　さらに、「衝撃」や「打撃」は、「あたえる」「うける」と結合し
て能動・受動のヴォイス表現になるが、そもそも「衝撃する」や「打撃
する」といったサ変動詞は存在しておらず、形態論的なヴォイスの不在
を補充していると考えられる。

4　平岡の暗殺は慶喜に大きな<u>打撃を与えた</u>が、次に重用
されて、権勢をふるったのが、元治元年に仕えた原市之進で
あった。（幕末暗殺史）
　　5　海軍は、マリアナ沖海戦で航空部隊に壊滅的<u>打撃を受
けた</u>ため、「捷号」作戦に備えて、航空部隊の大規模な組織
改編を行なった。（零戦燃ゆ）

3.2　「あたえる」「うける」が他動・自動の関係にあるもの

　「感動、感銘」などの漢語動名詞は、「あたえる」とも「うける」
とも結合する。

　　6　しかし、多くの藩兵は整然とした規律で、紀州の人々
に<u>感動を与えた</u>。（会津藩燃ゆ）
　　7　野球に限らず、試合前にインタビューを受けた選手は
力強く「がんばります」というものだと思いこんでいた我々
は、野茂の「楽しみます」という言葉にとても新鮮な<u>感動を
受けた</u>ものです。（口のきき方）

　しかし、この場合の「あたえる」文と「うける」文は、能動文と受
動文に対応するわけではない。対応するのは、次のような他動使役文と
自動詞文である。

　　8　香月泰男氏の画集『シベリヤ』はわたしをいたく感動
させた。（生き急ぐ）
　　9　私は、清水選手の言葉に<u>感動した</u>。「王者は常にトッ
プでなければいけない」と彼は言った。（生徒への鎮魂）

なお、「感動する、感銘する」「感動をうける、感銘をうける」は、に格補語をとるが、それらは態度の対象であって、仕手ではない。つまり、自動詞文であって受動文ではない。

3.3 「あたえる」が他動使役に相当するもの

「変化、変動、変革、動揺、混乱、安心、恐怖、満足、失望、解決」などの漢語動名詞は、「あたえる」と結合するが、「うける」とは結合しない。以下に、「あたえる」と結合した例を挙げる。

　　　10　自家用車の普及は、消費者の移動性を飛躍的に向上させ、小売市場に革命的な変化を与えている。（流通原理）

　　　11　社会学者たちは、現代医学の進歩と人間の寿命の延びが、人口の年齢別構成に変動をあたえていると確信している。（ロボット君）

　　　12　これらの物流サービスを手厚く提供する売手が買手に高い満足を与えることになるが、しかし積極的なサービス活動の提供は売手側のコストを増大させることになる。（商業入門）

　　　13　銃声一発が、さらに皆に動揺を与えた。（幕末史）

　　　14　心臓の「部屋」の名前は子どもたちに混乱を与える。（21中学授業のネタ）

　　　15　女性は警戒心の強い人が比較的多いので、営業マンが人柄で安心を与えて、「信頼できる」と思ってもらえるようにする。（成果が即上がる営業のコツ）

　　　16　それはひとえに政策担当者が、地主的抵抗の強さに対し一貫してそれとの対峙を回避しながら、戦時に固有の農業

問題に差し当たっての<u>解決を与える</u>途を選択したからであった。（戦前日本農業政策史の研究）

これらの「あたえる」文では、主体が対象（に格補語で示される）の状態を変化させるという意味を表している。これらの漢語動名詞は「変化する」のようにサ変自動詞になり、それを他動詞にした、

　　　17　工業化段階での流通システムは、このような課業条件に対応するため、その経路構造を<u>変化させる</u>。（流通原理）

のような他動使役文[①]と構造が同じである。これらの「あたえる」文は「させる」文に言い換えられる。

3.4　ヴォイス表現ではないもの

　漢語動名詞と「あたえる」「うける」の語結合がヴォイス表現として機能するのは、上に述べたように、能動文・受動文、自動詞文・他動詞文の構成に関係している場合である。一方、「解釈、説明、同意」などの漢語動名詞は、次のように「あたえる」と結合するが、ヴォイス表現とは見なされない。

　　　18　このルールは消費者厚生ルールであると解釈されるべきであるが、ＦＣＣはその決定において公共の利益という基準に広範な<u>解釈を与えてきた</u>。（ブロードバンドの発展と政策）
　　　19　この新しい経済学は、後の章で詳細に説明するよう

———————————

① ここでは、使役接辞を用いてはいるものの、実質的には他動詞であるものを他動使役と呼ぶ。

に、新しい経済の見方を提供することによって、さまざまな経済現象にこれまでとは異なった<u>説明を与える</u>と同時に、多くの経済問題に対する解決策をも提供するようになった。（非対称情報の経済学）

　20　ついで老練な久秀が権力を掌握したが、公家で熱心な法華宗徒の竹内秀治・同秀勝兄弟の画策と進言を受け、伴天連殺害に<u>同意を与えた</u>。（織豊政権とキリシタン）

　これらの漢語動名詞は、「うける」と結合せず、これらの例の「あたえる」は能動文を構成する要素として働いているとは見られない。また、これらの文のに格補語は、変化する対象でもなく、したがって、これらの例の「あたえる」は他動詞文を構成する要素として働いているとも見られない。

3.5　まとめ

　以上、漢語動名詞と「あたえる」「うける」からなる語結合のヴォイス性について検討を行った。その結果をまとめると、次表4-1のようになる。

表4-1　漢語動名詞と動詞「あたえる」「うける」からなる語結合のヴォイス性

漢語動名詞	「あたえる」文の ヴォイス性	「うける」文の ヴォイス性
影響、刺激、打撃、衝撃 指示、命令、忠告、警告 保護、支援、支持、承認	能動	受動
感動、感銘	他動	自動
変化、変革、変動、動揺 安心、混乱、恐怖、満足 失望、解決	他動	「うける」文がない
解釈、説明、同意	なし	「うける」文がない

以下では、このうちの第一のグループを対象として、形態論的な
ヴォイスと比較しながら、その特質を探っていく。

4.　語彙統語論的なヴォイス対立

　前節での分類結果から、第一のグループ（能動・受動の対立を構成
する語彙統語論的なヴォイス表現）の漢語動名詞について、『分類語彙
表』の分類項目別に一覧しておく。

表4-2　ヴォイス対立を構成する漢語動名詞の分類語彙表における分類項目

語彙	分類項目
指示、命令	用/活動/待遇/命令・制約・服従
忠告、警告	用/活動/待遇/教育・養成
保護、支援	用/活動/待遇/救護・救援
支持、承認	用/活動/交わり/賛否
刺激	用/活動/心/感覚
影響	用/関係/類/因果
打撃、衝撃	体/関係/作用/当たり・打ちなど

　この節では、これらの漢語動名詞と「あたえる」「うける」のヴォ
イス表現の特質について、形態論的なヴォイスと比較しながら考察を行
う。

4.1　概観

　まず、形態論的な手続きによるヴォイス表現と語彙統語論的な手続
きによるヴォイス表現を概観する。漢語動名詞ごとに用例数を集計した
ものが表4-3である。

表4-3　用例の分布に関する調査結果

要素	述部	用例数	要素	述部	用例数
指示	指示する	289	支持	支持する	822
	指示される	108		支持される	197
	指示をあたえる	28		支持をあたえる	9
	指示をうける	48		支持をうける	62
命令	命令する	378	承認	承認する	335
	命令される	106		承認される	232
	命令をあたえる	9		承認をあたえる	17
	命令をうける	91		承認をうける	109
忠告	忠告する	147	刺激	刺激する	328
	忠告される	23		刺激される	115
	忠告をあたえる	9		刺激をあたえる	63
	忠告をうける	16		刺激をうける	57
警告	警告する	277	影響	影響する	556
	警告される	19		影響される	142
	警告をあたえる	15		影響をあたえる	806
	警告をうける	12		影響をうける	612
保護	保護する	423	衝撃	衝撃する	0
	保護される	168		衝撃される	0
	保護をあたえる	14		衝撃をあたえる	51
	保護をうける	35		衝撃をうける	91
支援	支援する	576	打撃	打撃する	0
	支援される	28		打撃される	0
	支援をあたえる	7		打撃をあたえる	93
	支援をうける	98		打撃をうける	123

表4-3を見れば、基本的に形態論的な手続きによるヴォイス表現の用例数は、語彙統語論的な手続きによるヴォイス表現の用例数より多い。しかし、「影響、衝撃、打撃、支援」は例外となる。「衝撃、打撃」は、そもそもサ変動詞にはならず、形態論的なヴォイスは不在である。「影響」は、能動・受動とも、「支援」は、受動のみ、語彙統語論的なヴォイスの頻度が形態論的なヴォイスより高い。

　また、能動・受動の比率から見ると、形態論的なヴォイスでは、すべての語彙において能動の用例数は受動より圧倒的に多い（能動は4131例で、受動は1138例）。これに対して、語彙統語論的なヴォイスでは、「警告、刺激、影響」を除き、能動の用例数は受動より圧倒的に少ない。「警告、刺激、影響」については、能動の方が多いが、受動の比率は、形態論的なヴォイスよりもかなり高い。

　以上のように、用例の分布からして、形態論的なヴォイスと語彙統語論的なヴォイスには大きな傾向の違いがある。

4.2 仕手・受け手

　ヴォイスの研究では、主語が人かどうかという観点がきわめて重要である。ここでも、項（仕手と受け手）となる名詞のクラスに注目する。

　仕手と受け手のそれぞれが人であるないか（人でない場合を物事と呼ぶ）によって、4つの組み合わせが考えられる。漢語動名詞ごとに形態論的な手続きによるヴォイス表現と語彙統語論的な手続きによるヴォイス表現の用例数を名詞のクラスの組み合わせ別に集計したものが表4-4である。

表4-4 用例の分布に関する調査結果

要素	述部	A 仕手=人 受け手=人	B 仕手=物事 受け手=物事	C 仕手=人 受け手=物事	D 仕手=物事 受け手=人	合計
指示	指示する	289	0	0	0	289
	指示される	108	0	0	0	108
	指示をあたえる	28	0	0	0	28
	指示をうける	48	0	0	0	48
命令	命令する	378	0	0	0	378
	命令される	106	0	0	0	106
	命令をあたえる	9	0	0	0	9
	命令をうける	91	0	0	0	91
忠告	忠告する	147	0	0	0	147
	忠告される	23	0	0	0	23
	忠告をあたえる	9	0	0	0	9
	忠告をうける	16	0	0	0	16
警告	警告する	277	0	0	0	277
	警告される	19	0	0	0	19
	警告をあたえる	15	0	0	0	15
	警告をうける	12	0	0	0	12
保護	保護する	107	46	270	0	423
	保護される	38	20	109	1	168
	保護をあたえる	7	0	7	0	14
	保護をうける	16	0	19	0	35
支援	支援する	144	0	432	0	576
	支援される	10	0	18	0	28
	支援をあたえる	4	0	3	0	7
	支援をうける	81	0	17	0	98

要素	述部	A 仕手=人 受け手=人	B 仕手=物事 受け手=物事	C 仕手=人 受け手=物事	D 仕手=物事 受け手=人	合計
支持	支持する	224	0	598	0	822
	支持される	42	0	155	0	197
	支持をあたえる	3	0	6	0	9
	支持をうける	34	0	28	0	62
承認	承認する	30	0	305	0	335
	承認される	21	0	211	0	232
	承認をあたえる	7	0	10	0	17
	承認をうける	55	0	54	0	109
刺激	刺激する	23	274	7	24	328
	刺激される	0	70	1	44	115
	刺激をあたえる	5	45	0	13	63
	刺激をうける	7	25	0	25	57
影響	影響する	0	553	0	3	556
	影響される	6	111	0	25	142
	影響をあたえる	26	638	67	75	806
	影響をうける	40	512	12	48	612
衝撃	衝撃する	0	0	0	0	0
	衝撃される	0	0	0	0	0
	衝撃をあたえる	0	24	5	22	51
	衝撃をうける	0	19	1	71	91
打撃	打撃する	0	0	0	0	0
	打撃される	0	0	0	0	0
	打撃をあたえる	22	36	9	26	93
	打撃をうける	9	64	4	46	123

表4-4を見れば、分布の状況は、漢語動名詞によって様々であるこ

とがわかる。

　以下では、仕手・受け手の名詞クラス及び格表示について、形態論的なヴォイス表現と語彙統語論的なヴォイス表現を比較してみたい。

　4.2.1　仕手について

　4.2.1.1　仕手の名詞クラス

　仕手の名詞クラス（能動・受動の合計）についての調査結果を表4-5に示しておく。

表4-5　仕手の名詞クラス

要素	手続き	仕手=人	仕手=物事	合計
指示	形態論	397（100%）	0（0%）	397
	語彙統語論	76（100%）	0（0%）	76
命令	形態論	484（100%）	0（0%）	484
	語彙統語論	100（100%）	0（0%）	100
忠告	形態論	170（100%）	0（0%）	170
	語彙統語論	25（100%）	0（0%）	25
警告	形態論	296（100%）	0（0%）	296
	語彙統語論	27（100%）	0（0%）	27
保護	形態論	524（89%）	67（11%）	591
	語彙統語論	49（100%）	0（0%）	49
支援	形態論	604（100%）	0（0%）	604
	語彙統語論	105（100%）	0（0%）	105
支持	形態論	1019（100%）	0（0%）	1019
	語彙統語論	71（100%）	0（0%）	71
承認	形態論	567（100%）	0（0%）	567
	語彙統語論	126（100%）	0（0%）	126
刺激	形態論	31（7%）	412（93%）	443
	語彙統語論	12（10%）	108（90%）	120
影響	形態論	6（1%）	692（99%）	698
	語彙統語論	145（10%）	1273（90%）	1418
衝撃	形態論	—	—	—
	語彙統語論	6（4%）	136（96%）	142
打撃	形態論	—	—	—
	語彙統語論	44（20%）	172（80%）	216

「指示、命令、忠告、警告、支援、支持、承認」については、形態論的なヴォイス表現でも語彙統語論的なヴォイス表現でも、仕手は人に限定されている。

　　21　「ペローはブルドッグのような男で、自制心をほとんどもたない」と、プラットはロジャー・スミスに警告した。（ロス・ペロー）

　　22　ぼくがこの結論に達したのは、五月の末にピーチメント氏から、社交シーズンはあのように異例の始まり方をしているため例年より短期間で終わりそうだと、警告されたからだった。（五輪の薔薇）

　　23　実際のところ、大統領の父親は円滑な米中関係を一貫して支持していたし、ブッシュ氏の非公式の顧問には、そのアプローチとぴったり一致する父親の政権時代の高官が多数含まれている。（「無条件勝利」のアメリカと日本の選択）

　　24　道産小麦や地元の果物を積極的に使って作るお菓子は「おいしくて健康的な素材を使えば自ずとおいしくなる」というシンプルな考え方で、地元のお客さんに支持されている。（北海道のおいしいケーキ屋さん）

　　25　夢に出てくるテッちゃんは、もうずいぶんと大人になっていて、私に警告を与えたり、アドバイスをくれたりします。（ゾウが泣いた日）

　　26　昨日、真っ先に教官に質問して警告を受けた奴だ。（Step out）

　　27　「（前略）それでアメリカ政府は遺憾ながら貴提案に支持を与えることができない。」旨回答した。（シベリア出兵の史的研究）

28 マーラーの理論は、青少年の人格障害などの治療を行って
いた医師から強い支持を受けました。（成功する人の「甘え力」）

「保護」についても、語彙統語論的なヴォイスの仕手は人のみであ
るが、形態論的なヴォイスの場合は、仕手が物事である例がある。

29 阿育王は仏教史上並ぶ者がないほどに仏教を保護し、
弘通した大王です。（道元禅師に学ぶ人生）
30 二千三年三月二十九日、宮城県の古川市の二十代女
性、福岡県北九州市の女子高生（二年生）、大阪府の男子中
学生（二年生）が、通報を受けた宮城県警古川署に保護され
た。（男女七人ネット心中）
31 骨はからだの支柱となり、また、いくつかが組み合わ
さって腔所をつくり、頭蓋骨には脳を入れ、胸腔には心臓や
肺を入れるなど、大切な臓器を保護している。（解剖学はお
もしろい）
32 零下四十度の寒さのおかげで病原菌が自然に殺される
のがそうならないままに雪が降ると、逆に雪によって病原菌
が保護されてしまいます。（道元禅師に学ぶ人生）
33 「（前略）今、彼女はその頃の傷から立ち直りつつあ
る。私は彼女が完全に回復するまで、可能な限り保護を与え
るつもりです。あなたを彼女に会わせることは、その私の決
心に反するのです」（秋に墓標を）
34 彼らは、軍人・官僚資本と提携して、政府の保護を
受けるとともに、中国人独特の同族企業として、東南アジア
の幅広いネットワークを利用し、経済活動を拡大しました。
（東南アジアの現在）

「刺激」については、形態論的なヴォイスでも語彙統語論的なヴォイスでも、仕手には人も物事も現れるが、圧倒的に物事が多い。

　　35　それに対して私は「君たちの基礎研究は、苦しんでいるがん患者の治療にはほとんど反映されていない。それと比較して私は、すでにがん患者を三人治している。がん患者のためには、発がんよりも除がんを主役にしたほうが正しい答えが得られるのではないか」と言って、彼をかなり<u>刺激して</u><u>おきました</u>。（からだをなおす）

　　36　ファン・ゴッホやゴーギャンに<u>刺激されて</u>、彼らはチューブから絵の具を絞りだし、自然とは無関係に画面にのせた。（マルセル・デュシャン）

　　37　おそらく回転式の劇場という発想が、レオナルドを<u>刺激した</u>ということだろう。（レオナルド・ダ・ヴィンチという神話）

　　38　彼女は煽り立てる私の言葉に<u>刺激されて</u>、その気になったらしい。（見たことも聞いたこともない）

　　39　ひところ日本の経営者たちは若い社員に<u>刺激を与えよう</u>として、先輩を追い越して昇進させたりしたが、これが人間関係に救いがたいストレスを生じさせる原因をつくってしまった。（ジャパンアズナンバーワン）

　　40　千九百八十五年二月から始まった「青年問題研究集会」は、千九百八十四年の道外研修会で山形県高畠町と県連合青年団の「青研集会」から<u>刺激を受け</u>、八雲でもぜひやりたいと実行委員会を組織して始めたものだった。（「自治体社会教育」の創造）

41　これは、おそらく、アニメーションを描くような人
たちだったからこその集中もあろうが、「ガロ」という雑誌
は、そういう人たちにこそ、もっとも強い刺激を与えたのだ
と思う。（戦後60年）

42　私は現役時代から東京に出る機会が多く、用件を済ま
して時間が余ると、銀座とか新宿の繁華街をぶらついたもの
である。都会の刺激を受けることが、多忙な日常のストレス
解消ともなっていたようである。（昭和ふるさと物語）

「衝撃、打撃」は、形態論的な表現手段がないが、語彙統語論的な
ヴォイスでは、人も物事もあり、やはり物事が圧倒的に多い。

43　千九百九十年代半ばになっても、彼らは成長しつつあ
ったキューバの観光産業に打撃を与えるために爆弾を仕掛け
た。（テロリズム）

44　しかし昼間に幻弥の打撃を受けた人間をそのまま使う
ということは、すなわち〈闇神威〉に対する認識の甘さを意
味していた。（リアルバウトハイスクール）

45　昭和四十八年、つまり千九百七十年代に突入してすぐ
に発生したオイルショックは、日本の製造業に大きな打撃を
与えたといってもいいでしょう。（意地の経営）

46　しかし、このときの異常な懊悩に、家茂のひ弱い心身
は耐え難い打撃を受けたに違いない。（徳川慶喜）

「影響」については、形態論的なヴォイスでは、仕手が人である例
がほとんどないが（1%）、語彙統語論的なヴォイスでは、人の比率が
やや高い（10%）。

47　インドの非暴力的不服従運動のなかには、ガンディーに影響され、近代文明に批判的な人々もいれば、その逆に、ネルーのように、ガンディーを目前の戦術の巧みさ以上には評価できない人々もいた。（インド国境を越えるナショナリズム）

　48　一方で、オランダ商館の歴史は、深刻で苛酷な管理が長崎の商館員たちの志気に大きく影響したことを示している。（新・シーボルト研究）

　49　このため、彼らの企業イメージは、企業側から発信される情報に大きく影響されます。（よくわかるコンプライアンス経営）

　50　実際凶悪犯の少年の背景を見れば、家庭の問題、親のあり方など環境の問題が大きく少年に影響していることがわかる。（子ども・学校と教育法）

　51　それは、人々がつねに非科学的な感情に影響されているからなのです。（知の巨人）

　52　メリー叔母さんは大きな影響をリヒテルに与えた。（リヒテルと私）

　53　友だちや教授から、キャスリーンは強い影響を受けた。（キューバ海峡）

　54　ただわが国文学にも大きな影響を与えた白楽天の名は、ほんのわずかではあるが、次の文章の中に見出せる。（十八史略詳解）

　55　新教育運動は、教育理念の上では、とりわけルソーやペスタロッチから決定的な影響を受けている。（時代と向き合う教育学）

　56　その一方で、ナポレオン旋風はこの頃の銀製品にまで

強い<u>影響を与えた</u>。（ハプスブルク家の食卓）

57 エトルリア文明はギリシア文明から<u>さまざまな影響を</u>
<u>受けました</u>。（エトルリア文明）

4.2.1.2 受動における仕手の格表示

続いて、受動における仕手の格表示について見る。補語の位置にく
る仕手の格表示については、形態論的な表現手段においても語彙統語論
的な表現手段においても、いくつかのバリエーションがある。

まず、表4-6にそのバリエーションの一覧を示す。仕手が表示され
ない用例が多いが、その場合は「非明示」とする。①

表4-6 受動における仕手の格表示

形式		仕手の格表示							
		に	によって①	による	から	からの	の	非明示	合計
形態論的な手続き	指示される	19	2	0	20	0	0	67	108
	命令される	27	0	0	15	0	0	64	106
	忠告される	5	0	0	3	0	0	15	23
	警告される	1	0	0	5	0	0	13	19
	保護される	9	30	0	1	0	0	128	168
	支援される	17	3	0	1	0	0	7	28
	支持される	56	29	0	28	0	0	84	197
	承認される	12	39	0	8	0	0	173	232
	刺激される	43	15	0	0	0	0	57	115
	影響される	106	29	0	0	0	0	7	142
	打撃される	—	—	—	—	—	—	—	—
	衝撃される	—	—	—	—	—	—	—	—

---

① 「によって」の数値には「により」も含めている。

語彙統語論的な手続き	指示をうける	0	1	0	7	0	18	22	48
	命令をうける	0	0	1	15	0	24	51	91
	忠告をうける	0	0	0	7	1	2	6	16
	警告をうける	0	0	0	3	0	1	8	12
	保護をうける	0	0	2	1	0	7	25	35
	支援をうける	0	0	0	11	5	62	20	98
	支持をうける	0	0	0	14	0	36	12	62
	承認をうける	0	0	2	2	0	56	49	109
	刺激をうける	9	4	0	7	2	7	28	57
	影響をうける	51	72	4	44	7	316	118	612
	打撃をうける	2	20	3	0	0	7	91	123
	衝撃をうける	19	2	0	0	0	2	68	91

　表4-6から分かるように、形態論的なヴォイスと語彙統語論的なヴォイスとは、仕手の格表示の仕方について明らかな違いがある。

　最も顕著な違いは、語彙統語論的なヴォイスでは、仕手が連体的な成分となって現れることがあるということである。こうして表し方は、形態論的なヴォイスにはありえない。

　58　都道府県知事による汚染の除去等の命令を受けた土地の所有者等は、汚染原因者に対して、汚染の除去等に要した費用を請求することができる。（Q&A土壌汚染対策法解説）

　59　そして企業間競争のあり方は、国内企業のみならず、海外企業・海外市場からの影響を大きく受けるようになってきている。（経営スピードを加速する組織IQ戦略）

　60　ボリビア政府は今回の拡充ＨＩＰＣイニシャティブからも恩恵をうけたいと希望しており、引き続き世銀とＩＭＦからの支援をうけて経済改革プログラムを実施する意向であ

る。（世界銀行開発援助戦略の変革）

61 インホテプは、彼と一緒に玄関に出て、病人の看護について、メルスーの指示を受けた。（死が最後にやってくる）

62 農村に広がっていた一向宗に対して法華宗は町衆の強い支持を受けており、京都だけでなく堺もまた法華宗の強い町になっていたのである。（千利休の「わび」とはなにか）

連用的な格表示は、形態論的なヴォイスにも語彙統語論的なヴォイスにも見られるが、まず、注目したいのは、から格が多いということである。一般に、受動文の仕手は、に格が基本的で、「によって」はやや特殊であり、から格はかなり制限がある。語彙統語論的なヴォイスが成立するのは、受動文の仕手が、から格で表されるような特殊な領域であるといえよう。次に、から格の用例を挙げておく。

63 そのため、彼はシーア派やスンナ派やドルーズ派のムスリムばかりでなく、相当数のギリシア正教徒やマロン派からも支持されていた。（皇女セルマの遺言）

64 国外から完全に支援されているゲリラ組織であれば、聖域でガソリンを補給し、予備のガソリンと武器弾薬を積んだ車輌が、解放区に向けられるシステムを確立している。（アフガン山岳戦従軍記）

65 半分冗談だったにしろ、雄大は、あまりに勉強をしなかったため、中三の夏、担任から忠告を受けたのだ。（夏は、夜。）

66 したがって武道がスポーツの影響を受け、またスポーツが武道から影響を受けながら新たなかたちをつくる現象は自然の流れでもある。（武道論十五講）

67　いちはやく仏教にふれた稲目は、釈迦の教えの真意について<u>はまだよくわからないものの、なにか心がふるえるような、世界観が変わってしまうような<u>感動</u>を仏法<u>から受けていた</u>ようだった。（産経新聞）

そして、最も注目されるのが、に格との関係である。そもそも形態論的手段のない「打撃」「衝撃」を除き、形態論的なヴォイスでは、すべての語彙に、に格の用例が見られるが、語彙統語論的なヴォイスでは、に格を用いない語彙が多数をしめているのである。語彙統語論的なヴォイスで、に格の用例があるのは、「刺激、影響、打撃、衝撃」の4語である。

68　これは心中物の評判が高まるにつれ、芝居<u>に刺激を受けた</u>かのような若い男女の情死事件が各地で起ったため、放って置けなくなった幕府が心中狂言の上演禁止の措置をとったからである。（歌舞伎と江戸文化）

69　マーケティングにおける意思決定は、政治的環境の推移<u>に強い影響を受ける</u>。（コトラーのホスピタリティ&ツーリズム・マーケティング）

70　しかし、このときの異常な懊悩<u>に</u>、家茂のひ弱い心身は耐え難い<u>打撃を受けた</u>に違いない。（徳川慶喜）

71　警視総監は、警察庁長官が逆さ吊りになったこと<u>に衝撃を受けながら</u>も、そう提案した。（首相官邸占拠399分）

語彙統語論的なヴォイスでに格を用いない「指示、命令、忠告、警告、保護、支援、支持、承認」については、仕手は、主に、から格やの格で表される。特に、の格が多い。

4.2.2 受け手について

4.2.2.1 受け手の名詞クラス

受け手の名詞クラス（能動・受動の合計）についての調査結果を表4-7に示しておく。

表4-7　受け手の名詞クラス

要素	手続き	受け手=人	受け手=物事	合計
指示	形態論的	397 （100%）	0 （0%）	397
	語彙統語論的	76 （100%）	0 （0%）	76
命令	形態論的	484 （100%）	0 （0%）	484
	語彙統語論的	100 （100%）	0 （0%）	100
忠告	形態論的	170 （100%）	0 （0%）	170
	語彙統語論的	25 （100%）	0 （0%）	25
警告	形態論的	296 （100%）	0 （0%）	296
	語彙統語論的	27 （100%）	0 （0%）	27
保護	形態論的	146 （25%）	445 （75%）	591
	語彙統語論的	23 （47%）	26 （53%）	49
支援	形態論的	154 （25%）	450 （75%）	604
	語彙統語論的	85 （81%）	20 （19%）	105
支持	形態論的	266 （26%）	753 （74%）	1019
	語彙統語論的	37 （52%）	34 （48%）	71
承認	形態論的	51 （9%）	516 （91%）	567
	語彙統語論的	62 （49%）	64 （51%）	126
刺激	形態論的	91 （21%）	352 （79%）	443
	語彙統語論的	50 （42%）	70 （58%）	120
影響	形態論的	34 （5%）	664 （95%）	698
	語彙統語論的	189 （13%）	1229 （87%）	1418
衝撃	形態論的	—	—	—
	語彙統語論的	93 （65%）	49 （35%）	142
打撃	形態論的	—	—	—
	語彙統語論的	103 （48%）	113 （52%）	216

表4-7から分かるように、「指示、命令、忠告、警告」について
は、形態論的なヴォイス表現も語彙統語論的なヴォイス表現も、受け手
は人に限定されている。

　　72　夏の七月には、曹操は大軍に命令して、荊州をめざし
て進軍を開始した。（劉備・関羽・張飛）
　　73　私は「私たちは誰にも命令されず、声なき声をやって
きたんだから、岸が亡くなっても、運動はやめないわよ」と
答えた。（「声なき声」をきけ）
　　74　その中で、司教閣下又は司教代理神父は、マラッカの
司教代理神父に命令を与え、アルヴァロ氏は公けに破門され
た者であるから、その破門を教会で、一般民衆に公表すべき
ことを、明示して頂きたい。（ザビエルの謎）
　　75　昭和十八年四月八日、何応欽は蒋介石の命令を受け、
陝西省・西安近郊の臨潼で西北軍事会議を開いた。（日中戦
争知られざる真実）

「保護、支援、支持、承認、刺激、影響、衝撃、打撃」について
は、形態論的なヴォイスも語彙統語論的なヴォイスも、受け手には人も
物事も現れる。まず、受け手が物事である例を挙げておく。

　　76　鳩山は一貫して議会制自由主義を支持しているが、そ
れが時として、資金調達のための贈収賄と結びつく腐敗を生
む。（政治家追放）
　　77　道産小麦や地元の果物を積極的に使って作るお菓子
は「おいしくて健康的な素材を使えば自ずとおいしくなる」
というシンプルな考え方で、地元のお客さんに支持されてい

る。（北海道のおいしいケーキ屋さん）

78 政府は、地方自治体による国際協力を支援するため、政府や実施機関の持つ情報の一層の提供を図ることが望ましい。（地方自治体の国際協力）

79 「（前略）私の帰還はヨーロッパの三強国に支援されている」。（ナポレオン）

80 「（前略）それでアメリカ政府は遺憾ながら貴提案に支持を与えることができない。」旨回答した。（シベリア出兵の史的研究）

81 マーラーの理論は、青少年の人格障害などの治療を行っていた医師から強い支持を受けました。（成功する人の「甘え力」）

82 たとえば、アフガニスタンの反政府ゲリラの活動に周辺諸国が支援を与えているかぎり、ソ連はアフガニスタンから軍隊を引き揚げるわけにはいかないという主張は、反政府ゲリラの発生した原因がソ連の出兵にあるという事実を否認した一方的な強弁であって、他の国々にとって容認できるものではないし、日本共産党のようにソ連を支持する勢力でさえ、反対せざるを得ない。（経済国防論）

83 シオニズム運動はヘルツルの死後にイスラエルの大統領になるワイズマンに受け継がれ、富裕なユダヤ系実業家たちから支援を受けて、パレスチナへの入植を二十世紀初めから開始していたからね。（超・偉人伝）

84 歯のサイズの研究で日本の学界に衝撃を与えたアメリカのブレイスは、この問題にも関心をもって、その要因をアイヌとの繋がりに求める論考を発表したことがある。（日本人の起源）

85　アフリカ北部の交易と、とくにサハラ砂漠横断の交易
が、アラブ人の衝撃を受けて新しい広がりをみせ、あらたな
移住の原因となった。（移民の一万年史）

これらの語彙における受け手が人である用例の比率は、形態論的
なヴォイスよりも語彙統語論的なヴォイスの方がかなり高いことが注目
される。次に、受け手が人である語彙統語論的なヴォイスの用例を挙げ
る。

86　しかし日本が国際法上の承認を与えない国家は、外交
官の身分を持つ者にとって禁じられた国であった。（プラハ
の春）

87　介護老人保健施設の開設者は、都道府県知事の承認を
受けた医師に当該施設を管理させなければならないが、都道
府県知事の承認を受ければ医師以外の者に当該施設を管理さ
せることもできる。（関係法規）

88　これまでほぼ一貫してワラキア公ヴラドに支持を与え
てきた王は、ここでも当然彼を立てて自領トランシルヴァニ
アに圧力をかけねばならぬはずだった。（ドラキュラ公）

89　そういえば、年齢を感じさせない大人の女性として同
性からも根強い支持を受けている女優さんも「二十八歳をす
ぎたらみんな同じよ」と言っていらしたっけ。（12ヶ月のス
クラップブック）

また、「影響」については、形態論的なヴォイスでは、受け手が人
である用例が少ないが、それは受け手が個人であってはならないという
制約があることによるものと思われる。次の例は、受け手が個人である

語彙統語論的なヴォイスの例であるが、これらを形態論的なヴォイス表現（「影響する」）に置き換えることはできない。

　　90　特に、千九百六十三（昭和三十八）年十月から半年間にわたる、赤松が三十四歳のときのアメリカ研修が、それ以降の彼女に大きく<u>影響を与えた</u>ことで、ますますその感を深くする。（赤松良子）
　　91　その人物と作品はトーマス・マンにごく若い頃から<u>決定的な影響を与えた</u>。（トーマス・マン日記）

4.2.2.2 能動における受け手の格表示
　続いて、能動における受け手の格表示について見る。まず、形態論的なヴォイスについては、語彙によって受け手の格表示の仕方が違う。「指示する、命令する、忠告する、警告する、影響する」では、受け手は、に格、あるいは「に対して」をとる。「保護する、支援する、支持する、承認する、刺激する」では、を格をとる。

　　92　数日後、クリントン政府はインドネシアの将軍たち<u>に</u>ゲームが終ったと<u>指示した</u>。（9.11）
　　93　半弓に矢をつがえようとした<u>男に</u>、算長が<u>警告する</u>。（お庭番吹雪算長）
　　94　企業の不祥事、いわゆるスキャンダルは株価<u>に</u>大きく<u>影響します</u>。（株のいろは）
　　95　十七日、その先鋒を務める利家は倶利伽羅峠の西麓、津幡に陣を布いており、同日能登にいる部将長連龍ら<u>に対し</u>、「明後日（十九日）津幡付近より総攻めを行うため、明日津幡へ着くように」と<u>指示している</u>。（小矢部市史）

96　それ以後も、日本人<u>に対して</u>、<u>忠告している</u>人はいます。（日本史集中講義）

97　双方向のテロを含む暴力のパターンは、敵対する隣接国の間でえんえんと繰り返され、双方の政府は対立する国のテロリストやゲリラ活動<u>を支援する</u>。（テロリズム）

98　政府が、アレビ派内部の穏健派<u>を支持して</u>、同派の内部分裂をはかったものと指摘された。（クルド人もうひとつの中東問題）

99　大きな毬藻という漁師の言葉が、私の創作意欲<u>を刺激していた</u>。（天に遊ぶ）

これに対して、語彙統語論的なヴォイスでは、語結合の中にすでに、を格を含んでいるので、語彙にかかわらず、受け手は、に格と「に対して」しかとらない。

100　早乙女はヘッドセットを外すと、椅子の背にもたれ、大きく息を吐き出してから隣のクルー<u>に指示を与えた</u>。（蒼海の盾）

101　八右衛門は、信長が譜代衆の平手長政<u>に警告を与える</u>ため、長政の郎党坂戸与右衛門を殺すのは、時宜を得た判断であると思った。（下天は夢か）

102　どうしてこの人はこんなふうにわたし<u>に影響を与える</u>のだろう。（たそがれの林檎園）

103　彼は、イギリスが長州と薩摩の軍制改革<u>に一方ならぬ支援を与えている</u>事実を指摘し、二つ返事で力になろうと約束した。（罪なくして斬らる）

104　これまでほぼ一貫してワラキア公ヴラド<u>に支持を与</u>

えてきた王は、ここでも当然彼を立てて自領トランシルヴァ
ニアに圧力をかけねばならぬはずだった。（ドラキュラ公）

105　暴飲暴食や冷えは腸に刺激を与え、腸のぜん動運動
を高めます。（自分で治す大百科）

106　すなわち、第一次大戦においてオスマン帝国がイギ
リスなどと対戦し、敗戦国となった事態は、インドのムスリ
ムに大きな衝撃を与えた。（インド国境を越えるナショナリ
ズム）

107　しかし、戦局が予想以上に大規模化していた欧州列
強は、日本を多少牽制はしたものの、結局、袁世凱に対し日
本とそれ以上の軋轢をおこすことは賢明ではないとの忠告を
与えるにとどまった。（20世紀の証言）

108　ＭＣＡにとっては従来どおり「連盟」の枠組み内に
留まる以外に権力を維持する方法はなく、マレー・ナショナ
リズムを強めたラザク体制の方針に対しても支持を与えざる
を得なかった。（マレーシアの政治とエスニシティ）

109　事実、明が新興の清朝にたいしてたびたび打撃を与
え、その鋭鋒をくじいたのは、湯若望ら西洋宣教師の鋳造し
た紅衣砲の威力によるものである。（アジア史概説）

4.3　伝達内容

「指示、命令、忠告、警告」では、仕手・受け手以外に、仕手から
受け手への伝達内容が文の成分として現れることがある①。形態論的な
ヴォイスでは、「～よう（に）」「～と」やを格名詞、語彙統語論的な

---

① 場合によっては、「黒い髪を肩に波打たせながら彼女は戸口でふり返った。「水晶の前に座って瞑
想なさい」いたずらっぽく忠告を与えた。」（危険な愛のかおり）のように、会話文として現れるこ
ともある。

ヴォイスでは、「〜と」やの格名詞で表される（波下線部）。

　　110　ねえちゃんはシュークリームを食べた後、熱い紅茶を入れるよう私に指示した。（ラクになる）

　　111　運転手に権田原から四谷見附に向かうように指示し、再び電話に戻る。（楽園の眠り）

　　112　被害者家族の会に出席しての帰途、朝野は渡辺弁護士からくれぐれも身辺に注意するようにと忠告された。（人間の条件）

　　113　暗い男の声が出る。高見沢が教えられていた通りの暗号を言うと、暗い声は十分後に下町にある噴水広場へ来いと指示した。（凶獣の罠）

　　114　実をいうと米軍は、開戦前にはイラクの侵略意図を見ぬけなかった。開戦を警告するCIAからの情報があったにもかかわらず、イラクの部隊移動もお定まりの恫喝くらいにしか考えていなかったのだ。（世界の特殊部隊）

　　115　上司から正規のものとは別に、電車に乗った回数を水増ししたシフト表作成を指示された。（日本警察と裏金）

　　116　センターの人からも、乗船して二〜三日は気分が悪い日がつづくでしょうと忠告を受けていました。（深海底7500メートルの世界へ）

　　117　彼は秘書に電話は一切つながないようにと指示を与えた。（チェンジ・ザ・ルール！）

　　118　部長から業務改善の指示を受けた後、自分の頭の中で咀嚼しないまま、部下に課題として投げかけてしまった感があります。（「入門」ビジネス・コーチング）

　　119　第三中隊は敢然として全火力を挙げて攻撃中、連隊

本部から「前進準備」の命令を受けたが、第一線は大激戦の
真っ最中で先ず正面の敵を撃破せねば前進できない。（南十
字星に向かって）

伝達内容が明示される否かという点に関して、語彙統語論的なヴォ
イスと形態論的なヴォイスには、次のような異なりがある。

表4-8　「指示、命令、忠告、警告」における伝達内容の明示と非明示の比率

要素	手段	内容の明示	内容の非明示	合計
指示	形態論的	352（89%）	45（11%）	397
	語彙統語論的	32（42%）	44（58%）	76
命令	形態論的	310（64%）	174（36%）	484
	語彙統語論的	36（36%）	64（64%）	100
忠告	形態論的	113（66%）	57（34%）	170
	語彙統語論的	13（52%）	12（48%）	25
警告	形態論的	216（73%）	80（27%）	296
	語彙統語論的	9（33%）	18（67%）	27

表4-8から分かるように、語彙統語論的なヴォイスでは、伝達内容
の非明示の割合が、形態論的なヴォイスよりもかなり高い。以下に、語
彙統語論的なヴォイスにおける非明示の用例を挙げておく。

　　120　大勢の男性の部下を従え、的確な指示を与える中
で、バリバリと仕事をこなす彼女は、絵に描いたようなキャ
リアウーマンです。（20代で女を磨く本）
　　121　早乙女はヘッドセットを外すと、椅子の背にもた
れ、大きく息を吐き出してから隣のクルーに指示を与えた。
（蒼海の盾）

122　財布が失くなった翌日などは、向う見ずにも友達甲
斐に、麈来の家を探し、不心得を諭して<u>忠告を与えよう</u>とさ
え思ったのが、そうでない事が解ると、独り赤面はしました
が、今度は、彼が登校ない訳を知りたくなったのです。（日
本怪奇小説傑作集）

　　123　半分冗談だったにしろ、雄大は、あまりに勉強をし
なかったため、中三の夏、担任から<u>忠告を受けた</u>のだ。（夏
は、夜。）

　より重要な違いとして、形態論的なヴォイスでは、伝達内容が主語
になることがあるということである。これに対応する構文は、語彙統語
論的なヴォイスにはない。

　　124　三十八年六月に「集団的勤労作業運動実施」の文部
次官通達が出され、<u>夏休みなどに数日間の集団作業を行うこ
とが</u>指示された。（哀惜一〇〇〇人の青春）

　　125　三月二十四日、<u>基地からの移動が</u>命令され、テキサ
ス州サンアントニオ、アリゾナ州フェニックスを経て、カリ
フォルニア州マーチ基地まで、訓練で体得した飛び方で飛行
した。（検証・山本五十六長官の戦死）

4.4　修飾語と規定語

　次に、形態論的なヴォイスと語彙統語論的なヴォイスのきわだった
違いとして、サ変動詞（形態論的なヴォイスの場合）や漢語動名詞（語
彙統語論的なヴォイスの場合）を飾る単語に注目する。この点について
の調査結果を表4-9に示す。

表4-9　飾る単語に関する調査結果

要素	手続き	飾る単語がある	飾る単語がない	合計
指示	形態論	13　(3%)	384　(97%)	397
	語彙統語論	13　(17%)	63　(83%)	76
命令	形態論	10　(2%)	474　(98%)	484
	語彙統語論	10　(10%)	90　(90%)	100
忠告	形態論	9　(5%)	161　(95%)	170
	語彙統語論	9　(36%)	16　(64%)	25
警告	形態論	11　(4%)	285　(96%)	296
	語彙統語論	3　(11%)	24　(89%)	27
保護	形態論	44　(7%)	547　(93%)	591
	語彙統語論	10　(20%)	39　(80%)	49
支援	形態論	43　(7%)	561　(93%)	604
	語彙統語論	18　(17%)	87　(83%)	105
支持	形態論	51　(5%)	968　(95%)	1019
	語彙統語論	25　(35%)	46　(65%)	71
承認	形態論	50　(9%)	517　(91%)	567
	語彙統語論	8　(6%)	118　(9%)	126
刺激	形態論	22　(5%)	421　(95%)	443
	語彙統語論	36　(30%)	84　(70%)	120
影響	形態論	229　(33%)	469　(67%)	698
	語彙統語論	919　(65%)	499　(35%)	1418
衝撃	形態論	—	—	—
	語彙統語論	48　(34%)	94　(66%)	142
打撃	形態論	—	—	—
	語彙統語論	72　(33%)	144　(67%)	216
合計	形態論	482　(9%)	4787　(91%)	5269
	語彙統語論	1171　(47%)	1304　(53%)	2475

表4-9からわかるように、語彙統語論的なヴォイスでは、規定語が漢語動名詞を飾る例の比率は、形態論的なヴォイスにおける修飾語がサ変動詞を飾る例の比率に比べてかなり高い。そのような例は、語彙統語論的なヴォイスの用例全体の47%を占める[1]。

　126　現場の管理者が、その職場の組織目標を効率的に達成するように、色々な指示を部下に与え、部下の働きぶりも配慮してやることは人事労務管理それ自体ではあるまいか．労務管理の基本機能が従業員の作業能率の促進、組織への統合、変化への適応にあるとすれば、これらの機能を現場管理者自身が果たしうるのである．（働きやすい組織）

　127　そして、かれらは、「たとえどんなに身分の高い公家であっても、天皇のお召しのない者は中へ入れるな」というきびしい命令を受けた。（夜明け前の女たち）

　128　また、現在、石原新党のスポンサーとして注目されている代議士の徳田虎雄・徳洲会理事長を石原氏に紹介するなど、さまざまな支援を与えてきたのだが、石原氏の都知事就任後に関係が悪化し、絶縁状態になったというのである。（石原慎太郎の値打ち）

　129　関連法の規定によれば、その更生計画案は会社更生法の適用申請後百二十日以内に裁判所に提出し、それから六十日以内に正式な承認を受けなければならない。（コーポレート・リストラクチャリングによる企業価値の創出）

　130　「担任の先生が、とってもいい指導をしてくれているの。友だちといっしょに学ぶことが、草太にいい刺激をあ

----

[1]　語彙としては、「強い、深い、良い、悪い、著しい、様々な、大きな、多大な、重大な、微妙な、決定的な、直接的な、心理的な、社会的な、深刻な、重要な」などがある。

たえているんですって。ずいぶん成長したのよ。だから、お母さんは残念でたまらないの。」（ハードル）

　131　また逆に非実体的、形式論的な言語の概念だから、ソシュール言語学は哲学と思想にたくさんの影響をあたえたともいえよう。（ハイ・イメージ論）

　132　七十年代の谷岡マンガはギャグマンガに革命的な衝撃を与えたが、八十年代の谷岡式牧歌マンガは、いくらみてもみあきないナンセンスの奥行きをもっていた。（マンガの居場所）

形態論的なヴォイスにも、修飾語によってサ変動詞を飾る例が見られるが、用例全体の9%にとどまる。

　133　一方、削除の方法に関しても、次のように具体的に指示している。（戦後初期国語教科書史研究）

　134　本来ならこれらの水上艦隊を強力に支援するはずの基地航空部隊は、直前に勃発した台湾沖航空戦で消耗してしまっていたから、かなり投機的な色合いの濃い作戦といえた。（徹底研究・太平洋戦争）

　135　国外から完全に支援されているゲリラ組織であれば、聖域でガソリンを補給し、予備のガソリンと武器弾薬を積んだ車輛が、解放区に向けられるシステムを確立している。（アフガン山岳戦従軍記）

　136　多くの患者では、単語が長くなるほど読字が困難になる。しかし、これは頻度や抽象性によって大きく影響される。（失語症言語治療の理論と実際）

4.5 文章のジャンル

　語彙統語論的なヴォイスと形態論的なヴォイスの出現傾向と文章の
種類との相関についても調査してみた。表4-10は、『現代日本語書き言
葉均衡コーパス』のジャンル別の頻度を調査した結果である。

表4-10　語彙統語論的なヴォイスに関するジャンル別の頻度

	形態論的な ヴォイス	語彙統語論的な ヴォイス	合計
出版・書籍	3847（63%）	2260（37%）	6107
出版・新聞	331（72%）	129（28%）	460
出版・雑誌	457（67%）	223（33%）	680
図書館・書籍	3344（62%）	2031（38%）	5375
特定目的・ブログ	590（66%）	306（34%）	896
特定目的・ベストセラー	341（65%）	181（35%）	522
特定目的・白書	1093（65%）	594（35%）	1687
特定目的・法律	114（26%）	328（74%）	442
特定目的・広報紙	462（77%）	138（23%）	600
特定目的・国会会議録	480（60%）	317（40%）	797
特定目的・教科書	107（41%）	152（59%）	259
特定目的・知恵袋	677（76%）	176（21%）	853

　表4-10からわかるように、語彙統語論的なヴォイスについては、
「特定目的・法律」の比率が最も高く、74%となっている。これに対し
て、「特定目的・知恵袋」の比率が低く、わずか21%である。

　かなり幅がある理由として、書き言葉や硬い話し言葉に語彙統語論
的なヴォイスが使われることが多いと考えられる。「特定目的・法律」
の例を挙げておく。

137　義肢装具士は、医師の具体的な<u>指示を受けなけれ</u><u>ば</u>、厚生労働省令で定める義肢及び装具の装着部位の採型並びに義肢及び装具の身体への適合を行つてはならない。（義肢装具士法）

138　育児休業の<u>承認を受けよう</u>とする国会職員は、育児休業をしようとする期間の初日及び末日を明らかにして、本属長に対し、その承認を請求するものとする。（国会職員の育児休業等に関する法律）

139　前項の規定により証人に付き添うこととされた者は、その証人の陳述中、裁判長若しくは当事者の尋問若しくは証人の陳述を妨げ、又はその陳述の内容に不当な<u>影響を与</u><u>える</u>ような言動をしてはならない。（民事訴訟法）

5．おわりに

　以上、本章では、動作性の漢語動名詞と「あたえる」「うける」の語結合を語彙統語論的なヴォイス表現と認め、そのうちの能動・受動のヴォイス対立を構成するものを対象とし、用例調査にもとづいて、その特徴をについて、形態論的なヴォイス表現と比較しながら考察した。その結果、仕手・受け手の名詞クラスおよび格表示、伝達内容の表し方、飾る要素などの観点から、両者の違いを数多く指摘することができた。

　問題は、このような違いがなぜ生じるかということである。それは、形態論的なヴォイス表現である「影響する」「影響される」は一語であり、「影響をあたえる」「影響をうける」が語結合であるということに多くを負っていると思われる。後者においては、「影響」という名詞を構成要素とするため、連体的な要素を活用することがで

き、形態論的なヴォイス表現にはないような構造の文が生み出されて
いる。また、後者において、に格よりもから格をとることをとること
が多いというのも、「うける」という動詞の共起制限を受け継いでい
ると見ることができる。そうであれば、「影響する」と「影響をあた
える」、「影響される」と「影響をうける」は、語彙的な意味が異な
っている可能性もある。これについては、検証が難しいため、今後の
課題とする。

第三部

語彙統語論的な手段による
他動・使役の表現

第五章　を格の漢語動名詞と「まかせる」からなる語結合

1. はじめに

　　ヴォイスは、ムード、テンス、アスペクトと並ぶ、動詞の文法的
カテゴリーである。その定義は論者によって様々であるが、ここでは、
「動詞の表す動きの関与者の統語論的な機能と意味論的な役割の相互関
係の体系」と定義しておく。ヴォイスの中心は、能動態と受動態の対立
であるが、使役態もまた、ヴォイスとして扱われるのがふつうである。
また、使役態と他動態は連続的であり、両者を合わせて他動使役態と呼
ぶ（村木1991）。

　　　　・太郎が次郎を殴る。（能動態）
　　　　・次郎が太郎に殴られる。（受動態）
　　　　・先生が太郎を立たせる。（使役態）
　　　　・太郎が鉛筆を立てる。（他動態）

　　現代日本語の使役表現は、「読ませる」「書かせる」のような派
生動詞が一般的であるが、村木（1991）では、他動使役表現をつくる機
能動詞として、「あたえる」「うながす」「うばう」「おわせる」「か
ける」「きたす」「さそう」「しいる」「つける」「とる」「ひきおこ

す」「みちびく」「もたらす」「よぶ」などを挙げている。たとえば、「彼に安心をあたえる」「学生に自覚をうながす」は、「彼を安心させる」「学生に自覚させる」という使役文に近い意味を表している。したがって、ここでは、「あたえる」「うながす」は、実質的な意味を名詞にあずけて、みずからはもっぱら文法的な機能をはたす動詞、すなわち機能動詞として働いていると考えられるのである。村木（1991: 250-254）が他動使役を表すとしている機能動詞のリストを掲げておく。

　　　　・対格名詞とむすびつくもの
　　　（感動を）あたえる、（再考を）うながす、（ダウンを）うばう、（重傷を）おわせる、（心配を）かける、（低下を）きたす、（動揺を）さそう、（選択を）しいる、
　　　（了解を）とる、（混乱）ひきおこす、（成功を）もたらす、（感動を）よぶ
　　　　・与格名詞とむすびつくもの
　　　（成功に）みちびく

　　村木は、「みつかる」「つかまる」などの受動動詞が「語彙的」な手続きであり、「読まれる」などの派生動詞が「形態論的」な手続きであるのに対して、上記のような機能動詞結合については「語彙統語論的」な手続きと呼んでいる。ヴォイスの表現としての機能動詞結合は、村木以外に注目する研究者は少ないが、筆者はヴォイス研究の重要課題であると考える。

　　ただし、ヴォイスの「語彙統語論的」な手続きは、機能動詞結合に限られないと思われる。たとえば、「処理をまかせる」という語結合は、自由結合、すなわち連語であって、村木は「まかせる」を機能動詞

として取り上げていない①。しかし、「処理をまかせる」には、「処理する」という動作と「まかせる」という動作の二つの動作が存在し、それぞれの主体が一定の役割をもちつつ関与者となって、主語と補語の機能が割り振られる。その点で、「処理させる」のような使役構造と同じなのである。ただし、二つの主体の動作に対する役割は、「処理をまかせる」と「処理させる」とでは異なる。本章では、その類似と相違を明らかにするために、ヴォイス性の観点から、「処理をまかせる」のような、を格漢語動名詞と「まかせる」からなる語結合を記述する。

2.　用例調査の方法と考察対象

　を格の漢語動名詞と「まかせる」からなる語結合の用例を収集するにあたっては、「現代日本語書き言葉均衡コーパス（通常版）」の検索ツール「中納言」の短単位検索を実行した。を格の漢語動名詞は、とりたての「は」で実現することもあるので、これも検索対象も含める。収集された用例は129例、漢語動名詞の異なり語数は78語である。

　また、収集した用例から、漢語動名詞が合成語の例、否定の例（まかせない）、受身の例（まかせられる）を除いて考察対象とする。考察対象は下記のようにになる（用例数の順に並べた）。

判断	管理	運用	経営	選択	尾行	支配	統治	運営	世話
家事	介護	留守	折衝	指揮	対応	機能	進行	利用	担当
用意	報告	案内	作成	検討	監視	警戒	処理	生活	交渉
質問	耕作	倒産	排泄	決定	構築	板書	解釈	生産	接待
修理	演出	治療	供給	守備	執行	執筆	配達	造営	差配
処置	教育	収集	選定	徴収	指摘	処遇	広告	規制	加工
救済	審査	実験	養育	貯金	教育	操作	交渉		

① 言語学研究会編（1983）では、この語結合を連語と見なして、「事にたいするはたらきかけ」に分類している。

　　を格の漢語動名詞と「まかせる」の語結合を述部とする文は、主語がすべて人名詞か、「株主総会」「サッカー協会」「米国」などのような組織を表す名詞であり、物名詞や事名詞、現象名詞が現れることはない。また、「まかせる」と結合する漢語動名詞はすべて意志的な動作を表すものである。そして、補語になるのは、「自然にまかせる」のようなごくわずかな例外の除き、ほとんどが人名詞である。これは「まかせる」が語彙的な意味を保持しているからである。

3. 「まかせる」文のヴォイス性

3.1 概観

　　以下では、先行研究における使役文のヴォイス性の記述を参考にして、を格の漢語動名詞と「まかせる」の語結合を述部とする文のヴォイス性について記述する。

　　使役文の記述では、使役動作と動作の連鎖に注目する必要がある。この連鎖を前提として、佐藤（1986、1990）や早津（2016）では、まず使役文の主語が人名詞か事名詞かによって分けている。そして、主語が人名詞である使役文については、その動作が意志的か非意志的かに注目している。

　　佐藤（1986）は、人の意志的動作の使役文を「動作の源泉」[①]によって「指令」と「許可・放任」の二つのタイプに分ける。「指令」とは、使役主体の目的意識、あるいは意図のなかに動作を引き起こす目論見があらかじめ用意されていて、命令などの手段で動作主体にはたらき

[①] 動作の源泉に関して、佐藤（1986：110）は「人が　人に（を）　～（意志動作）させる」文があらわすできごとは、使役主体のなんらかのうごき（はたらきかけ）がなければ動作主体の動作そのものが生じえないばあいと、使役主体のうごき（はたらきかけ）のありなしにかかわらず、動作主体の動作が生じるばあいとがある。」と説明している。

かけるもので、「許可・放任」とは、使役主体からのはたらきかけの結
果引き起こされたものではなく、動作主体自身から発したものである。

「指令」の例：

　　・母は呼吸のつまったような苦しい声をだして、下女に
ぬれ手ぬぐいを<u>持ってこさした</u>。

（佐藤1986：113）

　　・「ふん！なおるまであなたが看病してやるんですか。
私はいやですよ。あなたが自分でかせいで、医者代も薬代も
みんな出してくださるなら、それでもけっこうですよ。あな
たが半病人でぶらぶらしていて、私がいそがしい思いをして
働いて、そのおかねで<u>療養させる</u>のはまっぴらよ。そんな義
理はありませんよ。冗談じゃないわ、ほんとに。千加子は今
日のうちに連れていきますからね。」

（佐藤1986：126）

「許可・放任」の例：

　　・一か月で拷問の傷がなおると、はじめて彼を母親に<u>面
会させた</u>。

（佐藤1986：126）

　　・そこへちょうど岡田が通りかかって、帽をぬいで会釈
をした。お玉は帯を持ったまま顔をまっかにして棒立ちにた
っていたが、何もいうことができずに、岡田を<u>行きすぎさせ
てしまった</u>。お玉は手を焼いた火箸をほうりだすように帯を
すてて、雪踏を脱いで急いであがった。

（佐藤1986：131）

　一方、早津（2016）は、「使役主体の目的」①によって、人の意志的動作の使役文を「つかいだて（他者利用）」と「みちびき（他者誘導）」の二つのタイプに分ける。「つかいだて（他者利用）」とは、使役主体が、自分自身がある状態を享受したいという目的や意図をもち、しかしそのために必要な動作を自身が行うのではなく、それを実現させるにふさわしいとみなす他者（＝動作主体）を利用してそれを実現させることである。「みちびき（他者誘導）」とは、使役主体が、他者（＝動作主体）をある状態を享受するようにみちびきたいという目的や意図をもち、その状態をもたらすのにふさわしい動作を動作主体に行わせることである。

　「つかいだて（他者利用）」の例：
　　　・十吉は……新治に合図をして、調革をエンジンにつけさせ、それを舟べりのローラア・シャフトに巻かせた。

（早津2016：95）
　　　・それは、先生がヨーロッパ留学中、勉強のための金がもっと必要だと親をあざむき、母親からその金を送らせては、オペラをみたり、旅行をしたりしたという話であった。

（早津2016：96）
　「みちびき（他者誘導）」の例：
　　　・加世は松恵の器用さを見込んで、請合いもののなかから簡単な縫い物を廻してときどき小遣いを稼がせてくれたり

---

① 使役の目的・意図に関して、早津（2016：89）は、「使役文の主語が他者の動作の引きおこし手であるということは、使役文の機能構造として当然のことではあるが、意味を考えるうえで重要な特徴である。人（使役主体）が他者（動作主体）にある意志動作を行わせるとすれば、それはふつう何らかの目的あるいは意図があってのことであり、そのことが使役文の性質に反映していると考えられるからである」と説明している。

する。

（早津2016：97）

　・鮎太はそこで留吉と幸夫を家へ<u>帰らせた</u>。夕食を食べていないんで腹が減ったと訴えたからである。

（早津2016：97）

　を格の漢語動名詞と「まかせる」の語結合を述部とする文も、動作は意志的であり、佐藤や早津の意志的動作の場合の使役文の記述が参考になる。つまり、佐藤の「動作源泉のありか」と早津の「目的」の観点は、を格の漢語動名詞と「まかせる」の語結合を述部とする文についても有効であると思われる。ただし、前者に関しては、「動作源泉」が主語と補語のさす人物のどちらにあるかという二者択一的なものなので、そのまま適用できるが、「目的」については、意志的動作の使役文と「まかせる」文では、その範囲が異なると考えられるので、用例によって改めて検討しなければならないだろう。以下、そうした観点から、「まかせる」文をいくつかのタイプにわけてみる。

3.2 タイプⅠ
　最初に取り上げるタイプⅠは、自分がすべきことを他人に代行させるものである。

　1　廊下にスリッパの音を響かせながら、良子の母親の菊子が顔中を笑いにして姿を現わした。良子はほっとした。軍人の相手は、正直息がつまる。その点、元旭川で軍人相手の芸妓だった菊子は達者なものであった。良子は靴をぬいであがりこんだ軍人たちに目礼すると、<u>その後の接待を母にまかせて</u>、玄関をかたづける作業に戻った。菊子はにぎやかな笑

い声をたてながら、軍人たちを二階に案内して行った。その
声が階上に遠ざかるのを聞きながら、良子は軍人たちの編上
靴を靴箱に入れた。（凍れる瞳）

　　2　従業員を雇い、人を育てることは非常にやりがいのあ
る仕事です。あなたがもし、この世界だけにとどまって終わ
りとするのは嫌だという場合には、育てた人間に<u>事務所の運
営を任せ</u>、ほかの世界で起業するのも面白いでしょうし、も
しも人を雇うことなど考えていないのであれば、ある程度の
収入を築いたら奥さんや家族と悠々自適の生活を送るのもい
いでしょう。（「社労士」になって独立・開業）

　　3　子供の場合は、一人前になるまで教育せねばならぬ責
任を負っているから、叱ることも文句をいうことも必要で、
可愛い可愛いではすまない。孫の場合は、親がいるのだか
ら、<u>教育はまかせておけばよく</u>、可愛がるだけでいいのであ
る。孫のほうも、叱る父母より甘えやすく、おばあちゃん子
ができるのも当然だ。（女60代輝いて生きる）

　　4　サーリプッタとモッガラーナという二大弟子もかれら
に加わった。かれらは離反者を連れ戻すために、ブッダが派
遣したのであった。しかし高慢のため盲目になったデーヴァ
ダッタは、かれらが来た理由を誤解した。教団のもっとも重
要な二人が来たことを喜び、かれらに弟子の<u>教育を任せて</u>、
自分は休息した。（ブッダ）

　　5　メリー藤田は二千ドルを手にしている高野秀太という
男に向かって、自分は山口県防府市に美容院をもち弟子に<u>経
営をまかせて</u>渡米してきたが、自分名義の店舗だから毎月所
定の収入がある。（生き残った人びと）

　　6　八月十一日、東大教授は頭蓋骨を見たが、自分が作

成したことになっている「鑑定書」を、その時点で見ていない。ヨーロッパへ出張したので、講師歴二十年の補助者に<u>作成をまかせた</u>という。法廷に出た東大教授は、詳しい鑑定証言を求める弁護人に対し、「胴体を見た先生に聞きなさい！」と怒鳴ったが、当の先生は死んでいる。（人が人を裁くということ）

　このタイプの「まかせる」文は、動作源泉のありかという観点から見ると、「まかせる」主体からのはたらきかけ（代行の依頼）がなければ動作そのものが生じないということから、動作の源泉は「まかせる」主体にあるといえる。

　では、「まかせる」目的は何であろうか。それは、まさに「代行」という点に求められる。自分はしたくない、ほかにやることがある、などの理由で、自ら行うことを避け、別の人にやってもらうのである。上の例は、いずれもそうした特徴をもっているといえるだろう。例えば、次の例4の「まかせる」主体である「デーヴァダッタ」は、もともと弟子を教育していたが、「サーリプッタ」と「モッガラーナ」にまかせた後、その二人が弟子を教育し、「デーヴァダッタ」はその間体息する。例5の「まかせる」主体である「藤田」は、美容院の経営を弟子にまかせた後、渡米し、経営から離れる。

　タイプⅠの「まかせる」文は、動作源泉が使役主体である「指令」の使役文に言い換えることができる場合が多い。例えば、例6は「作成させる」でもいいだろう。一方、当然のことだが、「指令」の使役文を「まかせる」文にすることはできないことが多い。多くの「指令」の使役文は「代行」を表さないからである。

　　7　不健康な生活習慣やライフスタイルを修正するため

には、セルフケアの方向に治療を進める。そのためには、睡眠時間、食事時間、余暇に費やした時間などを指標にしたライフスケジュール表を患者自身に作成させる（モニタリング）。（ストレスの事典）

3.3 タイプⅡ

タイプⅡは、自分の利益に関わることについて、自分ではうまくできない、専門家など、それをうまくできる他者がいる、などの理由により、動作を他者に委ねるという意味を表すものである。

8　ディーラーに行かないとちゃんとした修理が受けられないとしたら、こんな不便な話はありません。たとえば、いままでホンダのクルマに乗っていて、近所の正直で腕がいい修理工場にいつも車検や修理を任せていた。しかし、トヨタのクルマに乗り換えたら、いままで自分が使っていた修理工場が使えなくなる、というのでは困ります。（デジタルな経済）

9　国内の産地はたくさんある。奈良、愛媛、千葉、栃木、熊本、岡山…。現在、つき合いがいちばん長くなったのは、徳島県にある栗専門の会社だ。シーズンに入ると最初に無糖のピューレが届き、味見した上で「三十五〜四十％の加糖で」と糖度から注文を出し、炊いてピューレにするまでの加工を任せている。（名門ホテルのパティスリー）

10　「もし連絡がなかったら、勝手に処分するのはまずくないのかい」私はこの不動産屋に一切の管理を任せている。違法なことをされてはかなわない。（ザ・ベストミステリーズ）

タイプⅡも、タイプⅠと同様、他者へのはたらきかけ（委託）がなければ、その動作が生じないという点で、動作の源泉は「まかせる」主体にある。ただし、タイプⅠの場合は、自分が動作主体から外れるということに「まかせる」意図があるのに対して、タイプⅡの場合は、最適な動作主体を選ぶということに「まかせる」意図がある。つまり、両者は、目的・意図が違うのであって、その点がタイプとして区別する根拠になる。

　このタイプの「まかせる」文も、ほとんどが指令の使役文に言い換えることができる。

3.4 タイプⅢ

　タイプⅢの「まかせる」文は、国家的・社会的・組織的な目標の達成のために、あるメンバーに仕事の分担を割り振るという意味を表すものである。

　　11　弘仁年間（八百十～八百二十四）に再び訪れ、寺号を観心寺に改めたといわれる。地理的に、観心寺は高野山と京を結ぶ道中にあったため、布教の拠点として重要であった。空海は、弟子の実恵（道興大師）に寺院の造営を任せた。実恵は淳和天皇から伽藍建立を拝命して、弟子の真紹とともに天長四（八百二十七）年から堂塔伽藍を整備した。（五木寛之の百寺巡礼）
　　12　高祖は世間の反感が強い秦の法家思想ではなく、道家思想を支配理念とした。また高祖は周の封建制と秦の郡県制を併用する郡国制という統治体制をとった。つまり功臣や劉一族は王侯に封じ、地方の統治を任せるが、土地をことごと

く王侯に与えるのではなく、漢帝室の直轄地も確保し、ここ
は秦の郡県制を引き継ぎ、官僚を任命して直接統治をした。
（エピソードで楽しくわかる「故事成語」）

このタイプでも、その動作は、「まかせる」主体からのはたらきか
け（指示）がなければ、動作は生じない。これまでのタイプと同じく、
動作の源泉は、「まかせる」主体にあるといえよう。

また、目的・意図という観点から見ると、適任者を選んでまかせて
いる点で、タイプⅡと似ているが、「まかせる」目的は、自己の利益の
追求ではなく、国家的・社会的・組織的な目標の達成にある点が違う。
したがって、「まかせる」主体と動作主体との間には、上位者・下位者
の関係があるものが多い。

このタイプの「まかせる」文は、これまで取り上げたタイプのなか
でもっとも「指令」の使役文に近く、あまり意味を変えずに言い換えが
可能である。

3.5 タイプⅣ

タイプⅣの「まかせる」文は、相手がしたいようにさせる、そうい
うことを許すという意味を表すものである。このタイプの用例は、書き
言葉資料では非常に少なく、今回の調査では、次の1例しか見つからな
かった。「（私に）まかせてほしい」「（私に）まかせてくれ／まかせ
てください」「（私に）まかせろ／まかせなさい」などの形式の例は、
基本的にこのタイプになるので、話し言葉資料なら、もう少し見つけや
すいだろう。

13　時として、メーカーと代理店である商社との関係に
心理的距離の大きい例が見られる。メーカーの営業担当者は

「自分は商社の営業と同じくらい交渉を知っている」と主張することが多い。一方、商社の営業担当者は代理店であるために、「交渉は委せろ」とメーカーの担当者に強く主張できない。結果として、メーカーの営業担当者は交渉のプロのような顔をして商社の担当者に細かく指示を与え始める。商社の担当者は心の中で「英語で直接に交渉できないくせに、好き勝手なことばかりいう」と不信感を抱き始める。そして、いつの間にか、交渉依頼主であるメーカーと交渉代理人である商社との心理的距離を乖離させることになる。（交渉力）

　この例は命令文であり、動作の源泉や目的を考えるときに複雑になるので、「交渉をまかせろと彼がいうから、彼にまかせた」のように、叙述文に書き換えたうえで検討することにする。
　このタイプの「まかせる」文は、動作主体の願望や欲求が動作の発端であるので、これまでのタイプとは違って、動作の源泉は動作主体にあるといえる。ただし、「放任」の使役文のように、「まかせる」主体が動作の実現にまったく関与しないということはない。「まかせる」主体は「許可」を出す立場にある。したがって、「許可」の使役文に近い。また、「まかせる」のは、「まかせる」主体の利益のためであって、自分に利益がないような動作には「許可」を出さない。その点では、これまでのタイプと大きくは異ならない。
　実は、このタイプⅣは、これまでに見たタイプⅠ、Ⅱ、Ⅲのそれぞれについて、動作の源泉を「まかせる」主体から動作主体に移したものと位置づけることができる。例13は、タイプⅡに対応する。

　　・弟が母を介護してもいいというので、まかせた。（タ

イプⅠに対応)

　・ディーラーが車の修理をまかせてほしいというので、まかせた。（タイプⅡに対応)

　・優秀な部下がこの業務の担当を申し出てきたので、まかせた。（タイプⅢに対応)

3.6 タイプⅤ

このタイプは、動作主体を信頼し、それが行うことに干渉しないという意味を表すものである。

　14　どちらも程度の差こそあれ貧しい国である。しかし社会的弱者は、国家ではなく、誰かが―主に家族や親戚や村の人が―徹底して面倒を見る、ということだ。彼らはそのような救済を国家や社会に任せようなどとは全く思わない。日本人にそのような惻隠の情がなくなったから、見捨てられる人がでてきた、とも言える。（大説でなくて小説)

　15　「弁護士の人見先生は、こうおっしゃっていましたわ。たとえ、正当防衛が成立するようにみえても、現場に残された証拠などから、そのことが明白でない場合、検察官は、一応、起訴するんじゃないかって…正当防衛かどうかの判断を裁判所にまかせるらしいんです。もし、そういうことになったら、裁判が終わるまで、わたし、拘置所へ入っていなければならないわけですものね」（不在証明は女たちのゲーム)

このタイプの「まかせる」文の場合、動作の源泉はタイプⅣと同じく、動作主体にある。しかし、タイプⅣの場合、「許可」という「ま

かせる」主体からの消極的なはたらきかけがあったのに対して、このタイプでは、「まかせる」主体からのはたらきかけがまったくない。その意味では、「放任」の使役文に似ている。しかし、これらの例を「させる」に置き換えても、「放任」の使役文にはならず、「指令」の使役文になって、大きく意味が変わってしまう。

　このタイプの「まかせる」目的・意図は、他者が行うことへの不関与ということである。

3.7 タイプⅥ

　「まかせる」文の特殊な例として、無情物が動作主体の位置にくるものがある。無情物は動作をする能力がないので、動作主体として捉えることができない。その時、「まかせる」文はもはや使役との接点を完全に失う。したがって、動作の源泉や目的を問題にすることができない。

　　16　ところが、その流れに逆らって政府が国民の税金を銀行に投入して、建設会社の借入金を免除して建設業界を守るから、この業界だけは供給が減らないで逆に増加傾向をたどって、業界全体が余計に苦しくなって、いま社員の雇用調整が激化した。千九百六十年代の米国は、この時に建設会社の倒産を自然に任せたので、先に供給が減ってから需要が減って、デフレ型の不況にはならずにインフレ型に推移した。だから米国の経済は、情報産業で景気が上向いた後でも回復が早かったが、日本の場合はデフレ型不況なので回復が遅い。（CMが建築を変える）

　　17　程子は仁を行なうのに孝弟が本だという有子の言を、孝弟によって仁に至るととるのはまちがいで、仁を行なうの

に孝弟より始まると解すべきだという。孝弟とは、体であり
性の概念である仁の用としての一事だというのである。朱子
は仁を体とする立場と有子の言との間を整合化する<u>解釈を、</u>
<u>この程子の言にまかせている</u>。その上で朱子はさきに引いた
あの注釈文を書いているのである。（伊藤仁斎の世界）

　しかし、このタイプが他のタイプから完全に孤立しているわけで
はない。タイプⅤの「不関与」という特徴は、このタイプの特徴でもあ
る。

4. おわりに

　以上、本章では、佐藤（1986、1990）と早津（2016）における使役
文の記述を参考にしつつ、を格漢語動名詞と動詞「まかせる」の語結合
を述部とする文のヴォイス性について記述した。その結果、以下表5-1
のようにまとめられる。

表5-1　「まかせる」文のタイプ

タイプ	動作源泉	目的	使役文との関係
Ⅰ	まかせる主体	代行	あまり意味を変えずに「指令」の使役文に言い換える
Ⅱ	まかせる主体	委託	
Ⅲ	まかせる主体	分担	
Ⅳ	動作主体	許可	使役文に言い換えることができるが、ある程度意味が変わる
Ⅴ	動作主体	不関与	
Ⅵ	―	不関与	使役文との接点がない

こうした文をヴォイスの観点から考察したものは、おそらくこれま
でになかったと思われる。もっとも近いのは村木の機能動詞の研究であ
るが、本章の考察対象は機能動詞の範囲を越えている。ここで取り上げ
たものも、機能動詞結合と同じく「語彙統語論的」な手続きの一種では

あるが、より語彙的な性質が強いといえよう。

　　を格漢語動名詞と動詞「まかせる」の語結合を述部とする文には、意外にも、使役文に言い換えられるものが多い。しかし、本研究の目的は、「まかせる」文が使役文の一種であると主張することではない。そもそも使役文にも中心的なものから周辺的なものまで、多様なタイプが存在するので、そのような位置づけも不可能ではないと思われるが、より重要なのは、「動詞の表す動きの関与者の統語論的な機能と意味論的な役割の相互関係の体系」というヴォイスの定義にしたがって、「まかせる」文の特徴をヴォイス性の観点から記述することが十分に可能であるということである。

第六章　を格の漢語動名詞と「もたらす」からなる語結合

1.　はじめに

　　村木（1991）は、ヴォイス的な意味に関わる機能動詞結合①を取り上げ、「受動態」「他動使役態」「使役の受動態」「相互態」「基本態」に分けて記述している。「他動使役態②」については、動詞「もたらす」を取り上げ、「発展をもたらす、敗北をもたらす、成功をもたらす、動揺をもたらす、変化をもたらす、安定をもたらす、悪化をもたらす、上昇をもたらす、低下をもたらす、混乱をもたらす、地盤沈下をもたらす」という語結合の例を提示している。

　　　　・「福祉の充実、生活向上のための諸施策が同時に経済の発展をもたらす」（毎日800128夕）
　　　　・実際は、米国の干渉は、結局は、マルコス後継者の敗北を確実にもたらすことになろう。（毎日820507夕）
　　　　・氷壁にとりつかれた男たちのハングリー精神が成功を

---

① 機能動詞結合とは、実質的意味を名詞にあずけて、みずからはもっぱら文法的な機能をはたす動詞と広い意味での動作性（行為・過程・状態・現象）をもつ名詞との語結合である（村木1991: 203, 204）。

② 村木（1991: 250）は、はたらきかける対象が人であるかどうかによって、使役態（先生が太郎を立たせる）と他動態（太郎が鉛筆を立てる）は連続していると認め、両者を区別せずに合わせて「他動使役態」として捉えている。

もたらした。（毎日800522朝）

（村木1991：254）

　これに対して、言語学研究会編（1983）では、このタイプの語結合を連語と見なして、「事にたいするはたらきかけ/出現のむすびつき」に分類している①。こうした語結合が連語（自由結合）であるか否かを判断するための決定的な根拠を筆者は現時点では持ち合わせてはいない。ここでは、「施策が経済に発展をもたらす」という文が「施策が経済を発展させる」のような他動使役態の文に言い換えられるということに注目し、これをヴォイスの語彙統語論的な表現手段②として追究してみたい。考察には『現代日本語書き言葉均衡コーパス』から収集した用例を使用する。

2.　動詞「もたらす」と結合する漢語動名詞

　まず、を格をとって動詞「もたらす」と語結合をなす漢語動名詞の範囲を把握するために、実際に収集した語結合に現れる漢語動名詞の『分類語彙表』における分類項目調査した。その結果を表6-1に示す。

---

① 「出現のむすびつき」について、言語学研究会編（1983: 67）は「事にたいするはたらきかけをあらわす連語のなかから、特殊なものとして、出現のむすびつきをあらわす連語をとりだすことができる。この出現のむすびつきをあらわす連語でも、かざり名詞がうごきや状態や特徴や関係をしめしているのだが、かざられ動詞はそのうごきや状態などの出現を意味している。したがって、かざり名詞がいいあらわすものは、ある活動の結果、つくりだされたうごきや状態なのである。」と説明している。実際に挙げられている連語の例は、「変化をもたらす、安定をもたらす、不幸をもたらす」である。

② 村木（1991）は、文法的カテゴリーの表現手段について、基本的であると考えられる形態論的な手段の以外、語彙的な手段、語彙統語論的な手段があると指摘した。村木は「みつかる」「つかまる」などの受動動詞が「語彙的」な手続きであり、「なぐられる」「さそわれる」などの派生動詞が「形態論的」な手続きであるのに対して、「批判をあびる」「支援をうける」のような機能動詞結合については「語彙統語論的」な手続きであると指摘している。

漢語動名詞のすぐ右に付加した数値は用例数である。

表6-1　分類語彙表における調査結果

漢語動名詞	語彙表
形成1, 対立1, 孤立1, 確立1	関係/存在/成立
出現2	関係/存在/出没
消滅1	関係/存在/消滅
影響37, 作用2	関係/類/因果
欠如1	関係/量/過不足
混乱10	関係/様相/調和・混乱
転換3	関係/作用/変換・交換
穿孔1, 突出1	関係/作用/成形・変形
分裂1, 分散1	関係/作用/分割・分裂・分散
分離1	関係/作用/接近・接触・隔離
低下11, 衰退5, 発展5, 向上3 高揚3, 展開3, 進歩2, 進化2 成長2, 荒廃2, 強化1, 発達1	関係/作用/進歩・衰退
偏向1	関係/作用/進行・過程・経由
開放1	関係/作用/開閉・封
開幕1, 創成1	関係/作用/開始
崩壊4, 破壊4, 炸裂1, 破滅1	関係/作用/破壊
上昇9, 下降1	関係/作用/上がり・下がり
拡大11, 拡張4	関係/作用/伸縮
流行1	関係/作用/通過・普及など
統一2, 編成1, 再編1	関係/作用/統一・組み合わせ
回帰1, 交流1	関係/作用/往復
増加17, 増大5, 減少5, 減退2 増収1, 急増1, 減殺1	関係/作用/増減・補充

破綻3, 終結1	関係/作用/終了・中止・停止
変化53, 変革12, 悪化5, 革新4 変動4, 改善3, 変異2, 劣化2 変容2, 変更1, 変形1, 激変1 逆転1, 変身1, 修正1	関係/作用/作用・変化
成功6	活動/行為/成功・失敗
勝利11, 優勝1	活動/交わり/勝敗
繁栄8	活動/経済/貧富
高騰2, 昇給1, 下落1	活動/経済/価格・費用・給与など
安堵1, 安心1, 満足1	活動/心/安心・焦燥・満足
予感1	活動/心/感覚
思考1, 確信1, 思惟1	活動/心/思考・意見・疑い
緊張3	活動/心/心
認識1, 理解1, 確認1	活動/心/注意・認知・了解
虐待1, 迫害1	活動/待遇/待遇
追放1	活動/待遇/人事
殺戮1, 虐殺1	自然/生命/死

　表1から分かるように、「もたらす」と結合する漢語動名詞の所属は中項目の「作用」（60語）に集中している。特に「関係/作用/作用・変化」（変化、変革、改善、修正、変動、革新など15語）、「関係/作用/進歩・衰退」（低下、発展、衰退、高揚、向上など12語）、「関係/作用/増減・補充」（増加、増大、減少、減退、急増など7語）という項目に集中している。また、中項目「心」に属する語彙も少なくない（11語）。

　　分類語彙表の中項目レベル①から見ると、表6-2に示すように、動詞「もたらす」は狭い範囲の漢語動名詞と結合する。「もたらす」と結合する漢語動名詞が分布していない中項目がいくつかある②。例えば、「2.16時間」（経過、推移など）、「2.17空間」（位置、構成など）、「2.31言語」（相談、講義など）、「2.32芸術」（編集、演奏など）、「2.33生活」（食事、旅行など）、「2.50自然」（電離、着色など）、「2.52天地」（自転、公転など）などである。

表6-2　中項目レベルにおける分布

中項目	異なり語彙数	用例数	中項目	異なり語彙数	用例数	中項目	異なり語彙数	用例数
2.10 真偽	0	0	2.30 心	10	12	2.50 自然	0	0
2.11 類	2	39	2.31 言語	0	0	2.51 物質	0	0
2.12 存在	6	7	2.32 芸術	0	0	2.52 天地	0	0
2.13 様相	1	10	2.33 生活	0	0	2.56 身体	0	0
2.14 力	0	0	2.34 行為	1	6	2.57 生命	2	2
2.15 作用	60	223	2.35 交わり	2	12			
2.16 時間	0	0	2.36 待遇	3	3			
2.17 空間	0	0	2.37 経済	4	12			
2.19 量	1	1	2.38 事業	0	0			

　　また、人間活動を表現する分類項目についても、「もたらす」と結合する漢語動名詞が分布していない分類項目も多い。例えば「2.30心/学習・習慣・記憶」（勉強、練習、稽古など）、「2.36待遇/教育・養

---

① 分類語彙表は「類/部門/中項目/分類項目」という四段階に分けている。中項目レベルの2.10～2.19は「抽象的関係（人間や自然のあり方のわく組み）」、2.30～2.38は「人間活動—精神および行為」、2.50～2.57は「自然—自然物および自然現象」を表現する部門として成り立っている。

② 「2.10 真偽」という中項目には漢語動名詞が含まれない。

成」（教育、指導、訓練など）、「2.37経済/貸借」（借金、弁済、賠償など）に属する漢語動名詞は「もたらす」と結合しない。

　　つまり、動詞「もたらす」は人間の動作や自然現象ではなく、基本的には広い意味での変化を表現する漢語動名詞と結合する。これが「もたらす」の語結合が成立するための語彙的な条件となる。

3.　「もたらす」文のヴォイス性

　　現代日本語において、使役文や典型的な他動詞文の主語は人である。しかし、を格の漢語動名詞と動詞「もたらす」の語結合を述部とする文は、人名詞や組織名詞が主語になる用例もわずかながら見られるが、「ホルモン、環境、戦争、少子化現象、東京オリンピック」のような物名詞や事名詞が主語になるのが基本的である。したがって、「もたらす」の語結合を述部とする文は、他動使役態に対応するとしても、典型的な使役文や対象にたいするはたらきかけを表す他動文になることはなく、基本的に広い意味での因果関係を表す文になる。

　　以下、調査の結果にもとづいて、「もたらす」文のヴォイス性を記述していくことにするが、ヴォイス性の観点から「もたらす」文には二つのタイプがあるということが重要である。例えば、「IT革命が通信産業に変化をもたらした」のような例は、「IT革命が通信産業を変化させた」という使役構造の文に言い換えられるが、「IT革命が通信産業に革新をもたらした」のような例になると、言い換えられるのは、使役構造ではなく、「IT革命が通信産業を革新する」のような他動構造の文である。それぞれのタイプごとに以下に記述していく。

3.1　他動使役文を構成する「もたらす」

　　最初に取り上げるのは、「変化、低下、混乱、上昇、繁栄、発展、衰退、崩壊、成長、進化、緊張、安心、認識」などの漢語動名詞と「もたらす」の語結合を述部とする文である。このタイプの「もたらす」は

因果関係を表す他動使役文を構成する。例えば、

　　　1　補助金が復帰前の基地に代わって、沖縄経済に成長を
　もたらす最大の起動力として組み込まれた。（太平洋アイデ
　ンティティ）

という例では、主語の「補助金」が原因となって「沖縄経済の成
長」といった結果（変化）が生じるということが表されている。この点
で、この文は、

　　　2　それでは、公共投資が経済を成長させる理由を図で説
　明してみましょう。（どうなってるの！？日本の経済）

のような因果関係を表現する使役文と構造が同じである。ここで
は、使役接辞「させる」を用いているものの、実質的には他動詞構造で
あると認められる。したがって、こうした「もたらす」の文は他動詞構
造の文に匹敵する意味構造を有すると考えられる。
　　つまり、このタイプの漢語動名詞においては、「VNする（自動）―
VNさせる（他動）」の形態論的なヴォイス対立を構成しているのだが、
さらに「VNをもたらす」もまた、他動詞構造の語彙統語論的な表現手段
として「VNさせる」と並ぶ位置にある。
　　他動使役文を構成する「もたらす」文は、基本的に主語に据えられ
た事柄が、補語に据えられた事柄の変化を引き起こすことを表す。変化
する対象は対応する自動詞文の主語、「もたらす」文の補語になる。

　　　3　事実、西洋以外で最も早かった太陽暦採用が日本の近
　代化に果たした役割は大きかった。しかし同時に、伝統文化

や伝統行事に大きな<u>混乱をもたらした</u>のである。（祝祭日の研究）

　　4　水源施設としてのダムの存在は、河川中・下流部の水利用に大きな<u>変化をもたらした</u>。（水資源政策の失敗）

　　5　これが生物に<u>進化をもたらす</u>「自然選択」のしくみである。（性転換する魚たち）

　　6　この作戦高度の変更はまた、出撃の際の部隊の編成にも<u>変化をもたらした</u>。（第二次大戦のP-61ブラックウィドウ）

　　7　だからこそ、島の人々は三原山のことを「御神火」と呼び、島に<u>繁栄をもたらす</u>ものとして敬ってきたのだ。（復活への舞台裏）

　　8　特例としては、中国産品の輸入急増が国内市場に<u>混乱をもたらした</u>場合、加盟国は今後十二年にわたり輸入制限措置（セーフガード）とアンチダンピング規制を発動することができる。（中国の経済）

　　9　そこへ公教育の開始が、読み書きをまったく他人に頼る日本人の数を急速に、しかも相当減少させた。こうした減少は、必然的にどんな社会にも大きな<u>進化をもたらす</u>。（占領下日本の表記改革）

　また、他動使役文を構成する「もたらす」文は補語が人名詞である例もある。その時、「もたらす」文は主語に据えられた出来事が、補語に据えられた人や組織、団体の内的な状態の変化や知的な動作を引き起こすことや、主語が補語に据えられた組織、団体の目標を実現させることを表す。これらの「VNをもたらす」も「VNさせる」に言い換えられる。

10 同時に、アジア周辺諸国にも、米軍の存在が<u>安心をも</u><u>たらしている</u>面がかなりあると思います。（検証・石原政権待望論）

11 「のちの世」を感覚した作者の手は、見えないものと共存する原始的な混沌を引き寄せて、読者の私に不思議な不安と<u>安堵をもたらす</u>。（うたの観覧車）

12 公開飛行での失敗は、十人のメンバーに焦りと<u>緊張を</u><u>もたらし</u>亀裂を生みつつあった。（成功へ退路なき決断）

13 患者は営業成績がわるいと、父親に叱られたときの感情がよみがえり、父親に対していたときと同様に、会社に対して申し訳ないといった罪悪感が生じるという．両親との同居は、当然のことなら<u>緊張をもたらし</u>、自宅においてもくつろぐことのできない生活が推測された。（ストレスの事典）

14 精神的にひとまわりもふたまわりも大きく成長したベッカムのＦＫが、イングランドに<u>優勝をもたらす</u>瞬間は、はたしてくるのだろうか。（3時間で自慢できる空想科学サッカー読本）

15 ところが、いったん徳川側が優勢とみるや次々に「寝返り」が発生したことが、徳川軍に圧倒的な<u>勝利をもたらし</u><u>た</u>のである。（悪女と紳士の経済学）

16 百円バーガーは、マクドナルドに完璧な<u>勝利をもたら</u><u>した</u>のです。（経営がみえる会計）

3.2 他動詞文を構成する「もたらす」

次に取り上げるのは、「革新、改善、修正、虐殺、影響、作用」などの漢語動名詞と「もたらす」の語結合を述部とする文である。このタ

イプの「もたらす」は他動詞構造を構成する。例えば、

　　　17　新たな価値とは、斬新な商品コンセプトや、経営や業
務に革新をもたらすイノベーションアイデアだ。（コミュニ
ケーションのノウハウ・ドゥハウ）

という例では、主語の「イノベーションアイデアは経営や業務」が
原因となり、結果として、に格補語の「経営や業務」が革新されること
を表している。この点で、この文は、

　　　18　私は、フランス映画を革新したジャン＝リュック・ゴ
ダール、フランソワ・トリュフォー、クロード・シャブロル
らヌーベルバーグの作品に強く影響され、それになぞらえて
自分を勇気づけた。（異端の資生堂広告/太田和彦の作品）

のような他動詞文と構造が同じである。こうした他動詞文と等し
い構造をつくる「VNをもたらす」文は「VNする」に言い換えられる。な
お、このタイプの漢語動名詞においては、対応する自動詞構文が存在し
ないので、自他の対立を構成しない。
　他動詞文を構成する「もたらす」は他動使役文を構成する「もたら
す」と同じように、主語に据えられた物事が、補語に据えられた物事の
変化を引き起こすことを表すことが基本である。

　　　19　また圧電セラミックの発明により、各種点火装置に革
新をもたらした。（電子デバイス材料）
　　　20　〈サージェント・ペッパーズ〉はロック界に大きな変
革をもたらしたと同様、グラフィックデザインの世界にもこ

のデザインは脱デザインの革命を起こす切っ掛けになった重
要な作品ではなかろうかと思う。（ビートルズ日本盤よ、永
遠に）

　　21　西暦の初め頃、中国へ、そして極東へと伝播した仏教
は、インドの経典『ヴェーダ』と孔子の思想とを一つに編み
こみ、アジアに<u>統一をもたらした</u>。（日本の目覚め）

　「影響、作用」を用いた「VNをもたらす」も「VNする」に言い換え
られる。ただし、「革新」などとは違って、を格ではなく、に格をとる
他動詞構造に対応する（「～に作用する」「～に影響する」）。これら
の「もたらす」文は主語にさしだされる物や出来事の影響が、補語にさ
しだされる範囲に及ぶことを表す。

　　22　ミネラルは、ヒトのような動物のみならず、植物にも
大きな<u>作用をもたらしている</u>。（いのちと塩）
　　23　経済社会のグローバル化・ボーダレス化が進展する
中、福井地域における大手製造業の低生産性構造は、地域経
済に重大な<u>影響をもたらす</u>ことはいうまでもない。（地域産
業発達史）
　　24　この技術革新は除細動のハードウェアーのみならず、
その使われ方にまで<u>影響をもたらした</u>。（不整脈）

4. 対象の表し方

　前節での考察から、「もたらす」文は、基本的に因果関係を表す他
動構造の文であり、「もたらす」文の主語が原因となって結果として対
象に変化が生じるという意味を表すことが分かった。その変化をこうむ
る対象は補語の名詞である。

「もたらす」文において、対象を表す名詞は、に格だけではなく、の格をとる場合もあり、用例の数ではむしろ後者の方が多かった（に格が106例であるのに対して、の格は147例である）。以下、の格をとる例を挙げる。

　　　25　この小麦の生産量低下は、小麦価格<u>の高騰をもたら</u><u>し</u>、都市市民の台所を直撃した。（気候変動の文明史）
　　　26　多額の借金は家庭<u>の崩壊をもたらす</u>ことはよくあることですが、夫のサラ金などからの借金に苦しむ妻が離婚を請求したのに、これを認めなかった珍しい例もあるからです。（うまく別れるための離婚マニュアル）
　　　27　ジェット機の発達によって、地球の地理に対する時間的距離は縮まり、電子工学の発展はコンピューターが世界をネットで結び、携帯電話や映像技術<u>の革新をもたらした</u>。（映画は光と影のタイムトラベル）
　　　28　しかもこの固さは、二～三日は十分に持続するため、旨さ<u>の減殺をもたらす</u>ことにもなる。（江戸前鮨仕入覚え書き）

　これに対して、以下のような例では、の格をとることができず、に格しかとらない。

　　　29　このような番組に興味を持ち、出場させてもらったことは、僕の人生に大きな<u>影響をもたらし</u>、なにものにも代えがたい財産となった。（「ウルトラクイズ」はどこにある？）
　　　30　とりあえず奥日光の山の暮らしが、愛氏にはよい<u>作用</u><u>をもたらしている</u>ことはたしかのようだ。（日の湖月の森）

31 だから今日も、良い小説は読者に<u>思惟をもたらし</u>、勇気や希望を与え、生きる糧となる。（勇気凛凛ルリの色−満天の星）

32 この判決は、少年は大人と違って保護を受ける権利を持つから、大人なら持つ権利を与えなくてもよいという国親思想には疑問があるという<u>認識を</u>アメリカ市民<u>にもたらした</u>。（感化院の記憶）

原因が直接的で変化が具体的な場合は、の格が可能になり、原因が間接的で変化が抽象的な場合は、の格はとれないという傾向があるようである。

また、対象においてに格との格が競合する場合、人か物事かということが選択に影響するようである。表6−3に示したように、対象が人である場合は、に格をとる割合が高く、物事の場合は、の格をとる割合が高い。

表6−3　対象におけるに格との格の分布

	対象=人		対象=物事	
に格	19	(67.9%)	60	(30.2%)
の格	9	(32.1%)	139	(69.8%)
合計	28		199	

それぞれの例を挙げておく。

33 ある被塗物の数量を多くつくるということはそれ自体が革命的なことで、その物をつくるために関連するすべてのシステム<u>に</u>大きな<u>変革をもたらす</u>。（木材の塗装）

34 女性との新しい経験は青春時代からの抑圧を緩和するし、<u>変化を</u>僕<u>にもたらす</u>だろう。（リュウキュウ青年のアイ

ビー留学記）

　　35　能力と地位の喪失、やる気の低下は、サービスの質の低下をもたらす。（ロシア変動の構図）

　　36　しかし、現場では指導者やコーチがあまりに早期にハイレベルの競技成績の達成を望むために、多くの内容において高い強度のトレーニングを行い、選手に適応不能を起こさせるケースがあるが、このようなトレーニングは不十分な機能回復のプロセスで必要以上の消耗状態を引き起こす結果となり、選手の不自然な成長をもたらすと同時に、ときには心身の不健康状態を引き起こすことにもなるので、十分な注意が必要である。（ソフトテニスコーチ教本）

5.　形態論的な他動詞文との比較

3節で見たように、他動詞構造の語彙統語論的な表現手段としての「もたらす」文は、形態論的な表現手段としての他動詞文に言い換えられる。では、両者は完全に同じ性質をもつかというと、そうではない。以下、主語の名詞クラスと受動態との関係に関する両者の差異を見ていく。

5.1　主語の名詞クラス

他動詞構造の形態論的な表現手段（他動詞文）では、人を表す名詞が主語になるのが基本である。これに対して、語彙統語論的な表現手段の「もたらす」文の主語は物名詞や出来事名詞がほとんどである。これが「もたらす」文と一般的な他動詞文との最も顕著な違いである。つまり、「もたらす」文は因果関係を表す。

しかし、「もたらす」文にも人名詞や組織名詞を主語とする例もわずかながらある。そうした例では、人名詞や組織名詞が直接原因になっているわけではなく、人や組織が行ったことが原因となっている。次の

例のように、人や組織が行ったことは、当該文や前後の文脈の中に表現されている（波下線部）。

37 もちろん新しい土地で仕事をする難しさもあり、成功せずに再び出身地などに戻る人も見込まれるものの、二千十年には数千人のＩＴ技術者が、北海道に新たな仕事を持ち込み、雇用の創出や消費の拡大をもたらす可能性も出てくる。（北海道IT革命）

38 十九世紀の通信に革命的変化をもたらしたのは、千八百三十二年に電信を発明したサミュエル・Ｆ.Ｂ.モースと千八百七十六年に電話を発明したアレグザンダー・グレアム・ベル（元来はスコットランド人）である。（アメリカ史）

39 彼の息子たちはいずれも優秀で、中でも技術者として優れていた三男は、金属フレームを開発するなど、ピアノの構造や製造面で数多くの新機軸を打ち立てました。このためスタインウェイは現在百を越える特許を持ち、ピアノ造りに大きな変革をもたらしました。（旅する視点）

一方、人や組織を主語とする典型的な他動文では、働きかけは直接的である。そうした典型的な他動詞文は、「もたらす」文には言い換えられない。

40 しかし、彼らが関心をもっている『構造』を変化させるには、短期間の集中訓練はもとより効果的であり得ない。（「個の理解」をめざす発達研究）

41 夢窓はどんどん五山内の勢力を拡大して行く。（鉄鼠

の檻）

　　42　彼は、「私は古くからの共和主義者である」、「私は
自分が国民の味方であることを表明する」と述べながらも、
国民がその境遇を変革しようとする願望が野蛮な感性に陥る
ことを批判し、暴力と殺戮の恐怖や不安を惹起する無政府状
態や、自由と平等が歪小化された扇動に乗って狂う国民には
賛成しない。（ペスタロッチと人権）

　「迫害、追放、虐殺、虐待、殺戮」などのような漢語動名詞では、
これらを構成要素とするサ変動詞を用いた他動詞文（例43〜45）では、
人が主語になり、直接的な働きかけを表し、「もたらす」文（例46、例
47）では、物事が主語になり、因果関係を表す。そのため、両者は置き
換えられない。

　　43　このときヨーロッパ人は、女性や子どもを含むエルサ
レムの人びとを大量に虐殺して、みずからの信仰の勝利を祝
っています。（東アジアと中世ヨーロッパ）
　　44　結局、第二代将軍秀忠は同年七月の鎖国令でポルトガ
ル人を追放した。（勝ち組が消した開国の真実）
　　45　なぜ親は子どもを虐待するのか。（日本の危機）
　　46　精神的な病気は夫婦3組に1組の割合で起き、それが
男性虐待者（夫）の攻撃的行動の原因の1つとなっている。ま
た、痴呆それ自体が虐待をもたらすことを明示している研究
はない。（世界の高齢者虐待防止プログラム）
　　47　異教徒の社会に暮らしながらその社会の宗教を受け入
れないという姿勢は、ユダヤ人に迫害や追放や虐殺をもたら
した。

　物や出来事が主語になる場合には、他動詞文（例48〜51）と「もた
らす」文（例52〜55）は、いずれも広い意味での因果関係を表現するの
で、言い換えることができ、大きな違いは見られない。

　　48　工業化段階での流通システムは、このような課業条件
に対応するため、その経路構造を<u>変化させる</u>。（流通原理）

　　49　このような海外生産によるマーケットの制覇は、自国
の産業の空洞化を生み、また生産国の経済を<u>混乱させる</u>から
です。（社長の不安をズバリ解消する民事再生の実務）

　　50　その後、十八世紀中期に欧州で始まった産業革命は、
生産性を飛躍的に<u>上昇させる</u>と同時に、過酷な労働条件とそ
れに起因した健康問題を生みだした．（新簡明衛生公衆衛
生）

　　51　影響を受けたものは、恐怖表にしたがって、具体的な
効果を定めてください。この呪文は効果を<u>拡大する</u>ことがで
きます。（ソード・ワールドRPGベーシック）

　　52　未来の世界経済の栄枯盛衰が台湾の経済に良い影響、
悪い影響を与えるかは別として、台湾小売業のショッピング
モール化と週休二日制の導入は、台湾小売市場の環境に大き
な<u>変化をもたらす</u>であろう。（台湾の流通事情）

　　53　これはもともと七十年代後半のラテン・アメリカにお
ける各種の自由化政策がマクロ経済に<u>混乱をもたらし</u>、結果
として再び規制を強化しなくてはならなくなったことから盛
んになった議論である。

　　54　その結果、家庭生活に多大な影響が及ぼされることな
ど、まったく念頭にないのが、日本の経営者たちであった。

その一方で、企業の成長は、賃金の<u>上昇をもたらし</u>、物質的な豊かさにつながるのだから、多くの妻たちは現状に不満はない。（日本の住まい変わる家族）

　　55　北朝鮮が二千二年七月に始めた経済改革では「経済的実利主義」が強調された。これを重視する雰囲気が社会全体に広がり、物価の大幅な<u>上昇</u>や貧富の差の<u>拡大をもたらした</u>といわれる。（はるかなる隣人）

5.2　「もたらす」文の受動態

　続いて、「もたらす」文の受動態について見る。「もたらす」文は他動構造の文であるから、一般的な他動詞文と同様に、「もたらす（能動）—もたらされる（受動）」のヴォイス対立を構成する。だたし、受動態をめぐって、「もたらす」文と使役他動文には明らかな違いが見られる。

　まず、「もたらす」文の受動態の主語になるのは、漢語動名詞である。

　　56　システムとしての家族に焦点を当て、複数の専門職からの圧力により、家族の防衛がくずれ、<u>変化がもたらされる</u>。（子ども虐待）

　　57　資産及び負債の再評価又は修正表示によって、持分の<u>増加又は減少がもたらされる</u>。（国際会計基準書）

　　58　その漁獲は、原則として排他的経済水域の内側においてのみ可能とし、母川国が漁獲・規制措置を定めることとした（同六十六条2項）。ただし、母川国以外の国に経済的<u>混乱がもたらされる</u>場合には、関係国の協議によって定めた漁獲条件によって排他的経済水域の外側での漁獲が認められる

（同六十六条3項）。（導入対話による国際法講義）

　59　私たちの勝利は、自らをくり返しくり返し、頭の上から足の先まで全部ささげることによってもたらされるのです。（日ごと新たに）

これに対して、使役他動詞文の受動態の主語は能動態の補語である。

　60　長州とそのシンパ諸国からの脱走浮浪の徒によって、京都は、混乱させられた。（龍馬暗殺）

　61　つまり五百年かけてこの民族は、かなり大幅に変化させられたのだ。（留学の愉しみ）

　62　翌十二年五月九日の官制改正で助手定員が十八名に増加され、当初計画にあった鋳物部を発足させ、同年五月十六日に鉄鋼学講座は三講座となり、新規定員の教授三名、助教授八名は金研所員を兼務した。（科学と国家と宗教）

6. 評価性

「もたらす」文には良い事態を引き起こす場合と悪い事態を引き起こす場合がある。いずれとも言えない場合もあるが、明らかに良い、明らかに悪い事態をもたらすことを表す例をカウントすると、表6-4のようになる。

表6-4　「もたらす」文の評価性

	用例数	割合
良い	145	44.3%
悪い	117	35.8%
中立	65	19.9%
全体の用例数	327	100.0%

　表4に示したように、「もたらす」文の8割以上は、明らかに良い、または悪い事態を表している。それぞれ二例ずつ挙げておく。

　　63　グローバル化の影響は巨大である。世界経済の成長の角度から言えば、それは新しい発展のチャンスをもたらし、グローバルな経済に新たな繁栄をもたらす可能性を持つ。（日中関係をどう構築するか）

　　64　すなわちＡＣＥ阻害薬は左室内腔サイズの減少、左室内圧の低下、梗塞部位膨張のリスク低減、および左室形状の改善など心室再構築の改善をもたらし、患者の慢性予後を改善させるとされている。（疾患からみた臨床薬理学）

　　65　つまり、このような戦略では、本来望ましいはずの潜在ＧＤＰの拡大が、単にマクロ的状況の悪化をもたらしてしまうことになるのである。（構造改革論の誤解）

　　66　市場機構はそれらを一掃して新たな均衡を実現する内在的な力をもっているが、均衡への回復には時間がかかり（自動回復機能が弱いとも言える）、また大量失業や著しいインフレは社会経済の大きな混乱をもたらすことも事実である。（公的規制の経済学）

7. おわりに

　以上、本章では、を格の漢語動名詞と動詞「もたらす」の語結合を述部とする文を語彙統語論的なヴォイス表現と認め、用例調査にもとづいて、ヴォイス性の観点から考察した。

　その結果、語彙統語論的なヴォイス表現としての「もたらす」文は、他動詞構造をとり、基本的に因果関係を表現することが分かった。「もたらす」文には、他動使役文を構成するタイプと他動詞文を構成するタイプがあること、対象の表し方、競合する他動詞文との違い、評価性の特徴についても明らかにすることができた。

第四部

結　論

第七章　おわりに

1.　本研究が明らかにしたこと

　現代日本語のヴォイス研究は形態論的な表現手段を中心に進められてきた。それ以外の表現手段を対象とする研究に取り組んでいる研究者は少ない。特に、語彙統語論的な表現手段については、村木新次郎以外にはほどんどいない。そこで、本研究では、ヴォイス研究の新たな展開として、語彙統語論的な表現手段に光を当てることにした。網羅的な記述にはほど遠いが、代表的なものとして、格漢語動名詞と動詞「あたえる」「うける」「まかせる」「もたらす」からなる語結合を取り上げ、文法形式として基本的であると考えられる形態論的な表現手段と比較しながら、それらのヴォイス性を追究してきた。

　序論の三つの章では、まず、村木の機能動詞研究を取り上げ、機能動詞結合の記述がどこまで進められているかを明らかにした。続いて、連語論と機能動詞結合の研究の接点について調査したところ、奥田靖雄による、を格名詞と動詞からなる連語（自由結合）の記述の中には、機能動詞結合にあたるものが一部含まれていることを確認した。また、を格の動作名詞と結合する動詞をBCCWJで調査し、それらの動詞とを格名詞の結合が連語の記述（言語学研究会）においてどのように位置づけられているか（連語か否か）を調査した。最後に、語彙統語論的なヴォイスに関する先行研究を概観した。語彙統語論的なヴォイスとは、機能動詞結合によってヴォイス的な意味を表すものである。いくつかのヴォイ

ス的な意味を表すことが指摘されているが、形態論的なヴォイスとの関係や、ヴォイス表現としてのあり方などについてまだ検討されていないことを確認した。

　つづいて、第二部の能動受動に関する考察の部分では、ヴォイスの語彙統語論的な表現手段の代表である、漢語動名詞と「あたえる」「うける」の語結合を取り上げて記述した。ここでは、まず、語彙統語論的なヴォイス文およびヴォイス対立が成り立つための条件を明らかにした。次に、動作性の漢語動名詞と「あたえる」「うける」の語結合を語彙統語論的なヴォイス表現と認めて、そのうちの能動・受動のヴォイス対立を構成する場合について、形態論的なヴォイス表現と比較しながら考察した。その結果、語彙統語論的なヴォイス表現と形態論的なヴォイス表現の違いを以下のように数多く指摘することができた。

　まず、仕手・受け手の名詞クラスについて分析を行った。その結果、「あたえる」「うける」文においては、人名詞をとる傾向が見られた。形態論的なヴォイスで表現できない部分を語彙統語論的な表現手段が補完しているケースもある。

　また、仕手・受け手の格表示については、語彙統語論的なヴォイスでは、仕手が連体的な成分となって現れることがある。これは、形態論的なヴォイスにはありえない。受け手の形式に関しては、語彙統語論的なヴォイスでは、語結合の中にすでにを格が含まれているので、に格と「に対して」しかとらない。

　伝達内容の表し方については、形態論的なヴォイスでは「～よう（に）」「～と」やを格名詞で表現され、語彙統語論的なヴォイスでは「～と」やの格名詞で表現される。また、語彙統語論的なヴォイスでは、伝達内容を明示しない割合が、形態論的なヴォイスよりもかなり高いということも注目される。

　修飾成分の現れ方については、語彙統語論的なヴォイスにおける規

定語が漢語動名詞を飾る例の比率は、形態論的なヴォイスにおける修飾語がサ変動詞を飾る例の比率に比べてかなり高い。

　最後に、文体との相関に関する調査から、文章語には語彙統語論的なヴォイスが使われることが多いことが明らかになった。

　第三部の他動使役に関する考察の部分では、漢語動名詞と「まかせる」の語結合と、漢語動名詞と「もたらす」の語結合を取り上げて記述した。

　「まかせる」の語結合については、先行研究における使役文の記述を参考にしつつ、動作源泉のありかや、目的といった観点から、を格漢語動名詞と「まかせる」の語結合を述部とする文のヴォイス性について考察した。その結果、使役文を記述する時の動作源泉のありかや目的といった観点から、漢語動名詞と「まかせる」の語結合による語彙統語論的なヴォイスについては、6つのタイプが存在していることが分かった。

　タイプⅠは、自分がすべきことを他人に代行させるものである。タイプⅡは、自分の利益に関わることについて、自分ではうまくできない、専門家など、それをうまくできる他者がいる、などの理由により、動作を他者に委ねるという意味を表すものである。タイプⅢは、国家的・社会的・組織的な目標の達成のために、あるメンバーに仕事の分担を割り振るという意味を表すものである。この三つのタイプの「まかせる」文は、目的は異なっているが、動作の源泉が「まかせる」主体であり、あまり意味を変えずに指令の使役文に言い換えることができる場合が多い。

　また、相手がしたいようにさせる、そういうことを許すという意味を表すタイプⅣと、動作主体を信頼し、それが行うことに干渉しないという意味を表すタイプⅤは、動作の源泉が動作主体にあり、使役文に言い換えることができるが、ある程度意味が変わる。無情物が動作主体の

位置に据えられ、使役との接点を完全に失うのがタイプⅥである。しかし、このタイプが他のタイプから完全に孤立しているわけではない。

「まかせる」は機能動詞とは言えないが、「まかせる」文は使役文の記述と同じ観点によって記述することができ、ヴォイス研究の対象になりうると結論づけた。

続いて、「もたらす」については、を格の漢語動名詞との語結合を語彙統語論的なヴォイス表現と認め、用例調査にもとづいて、ヴォイス性の観点から考察した結果、語彙統語論的なヴォイス表現としての「もたらす」文は、他動詞構造をとり、基本的に因果関係を表現することが分かった。さらに、「もたらす」文に関して、以下のことが明らかになった。

まず、「もたらす」と結合する漢語動名詞の範囲については、人間の動作や自然現象ではなく、基本的には広い意味での変化を表現する漢語動名詞である。

ヴォイス性の観点から「もたらす」文を観察すると、他動使役文を構成するタイプと他動詞文を構成するタイプがあることが分かった。前者は「VNさせる」に、後者は「VNする」に言い換えられる。

対象の表し方については、「もたらす」文では、に格だけではなく、の格をとる場合も多い。また、対象においてに格との格が競合する場合、人か物事かということが選択に影響する。

競合する他動詞文との違いについては、他動詞文では、基本的に人を表す名詞が主語になるのに対して、「もたらす」文の主語は、物名詞や出来事名詞がほとんどである。また、他動詞文の受動態の主語は能動態の補語であるのに対して、「もたらす」文の受動態の主語になるのは、漢語動名詞である。

評価性については、「もたらす」文の多く（約8割）は、明らかに良い、または悪い事態を表している。

2. 今後の課題

　最後に、今後の課題について、筆者の考えを述べておく。

　まず、自由結合と非自由結合に関する考察を深めることである。今後、典型的な自由結合とは言えないものについて、それらがどのような点で自由結合らしくないのかということを、多角的に詳細に分析していくことが必要である。具体的な課題としては、自由結合、機能動詞結合、形式動詞結合、慣用句、複合述語などの関係を明らかにすることが求められる。それによって、自由結合とは何か、非自由結合とは何かということもより明確になることと思われる。

　次に、語彙統語論的なヴォイスの事例を増やしていくとともに、語彙統語論的な表現手段と形態論的な表現手段の関係についても考察をさらに深める必要がある。互いに置き換えられる場合でも意味が異なっている可能性は十分ある。使用される場面、文体や歴史的変化などの側面から考察を行う必要もある。

　本研究では、ヴォイスの観点から、を格の漢語動名詞と和語動詞からなる語結合について考察したが、語彙統語論的な表現手段としては、アスペクト的な意味、ムード的な意味を表す機能動詞結合もあり、将来的には、そうしたものへと視野を広げていくことも考えている。語彙統語論的な表現手段への注目は、文法論における新たな研究課題の発掘につながるものと思われる。

参考文献

[1] 天野みどり (1987)「状態変化主体の他動詞文」『国語学』151，pp.110-97

[2] 天野みどり (2001)「無生物主語のニ受動文―意味的関係の想定が必要な
　　文―」『国語学』151，pp.1-15

[3] 石井正彦 (1983)「現代語複合動詞の語構造分析における一観点」『日本
　　語学』2-8，pp.79-90

[4] 石井正彦 (1987)「漢語サ変動詞と複合動詞」『日本語学』6-2，pp.46-59

[5] 石井正彦 (2005)「語構成研究と連語」『国文学　解釈と鑑賞』70-7，
　　pp.130-140

[6] 石井正彦 (2007)『現代日本語の複合語形成論』ひつじ書房

[7] 岩崎英二郎 (1974)「ドイツ語と日本語の機能動詞」『慶應義塾大学言語
　　文化研究所紀要』6，pp.79-93

[8] ウェスリー・ヤコブセン (1989)「他動性とプロトタイプ論」久野暲・柴谷方
　　良 (編)『日本語学の新展開』，pp.213-248　くろしお出版

[9] 奥田靖雄 (1960)「を格のかたちをとる名詞と動詞とのくみあわせ」言語学
　　研究会 (編) (1983)『日本語文法・連語論 (資料編)』，pp.151-279 むぎ
　　書房 (1960年の研究会のガリ版刷原稿 (未公刊) を収録したもの)

[10] 奥田靖雄 (1967)「語彙的な意味のあり方」『教育国語』8むぎ書房(奥田
　　靖雄 (1985)『ことばの研究・序説』，pp.3-20むぎ書房に再録)

[11] 奥田靖雄 (1968-1972)「を格の名詞と動詞とのくみあわせ」『教育国語』
　　12、13、15、20、21、23、25、26、28むぎ書房 (言語学研究会 (編) (1983)

『日本語文法・連語論（資料編）』 pp.21-149 むぎ書房に再録）

[12] 奥田靖雄 (1976)「言語の単位としての連語」『教育国語』45, pp.2-13

[13] 奥田靖雄 (1985)『ことばの研究・序説』むぎ書房

[14] 奥田靖雄 (1992)「動詞論」『奥田靖雄著作集03 言語学編 (2)』, pp.5-114むぎ書房 (1992年の北京外国語学院講義のためのプリント（未公刊）を収録したもの）

[15] 奥津敬一郎 (1983)「何故受身か?―＜視点＞からのケース・スタディ―」『国語学』132, pp.65-80

[16] 奥津敬一郎 (2007)『連体即連用?−日本語の基本構造と諸相』ひつじ書房

[17] 亀井孝・河野六郎・千野栄一編 (1988)『言語学大辞典 第 6 巻 術語編』三省堂

[18] 工藤真由美 (1990)「現代日本語の受動文」『ことばの科学4』, pp.47-102 むぎ書房

[19] 工藤真由美 (1995)『アスペクト・テンス体系とテクスト―現代日本語の時間の表現―』ひつじ書房

[20] 久野暲 (1983)『新日本文法研究』大修館書店

[21] 久野暲 (1986)「受身文の意味―黒田説の再批判―」『日本語学』5-2, pp.70-87

[22] 黒田成幸 (1985)「受身について久野説を解釈する――一つの反批判―」『日本語学』4-10, pp.69-76

[23] 言語学研究会編 (1983)『日本語文法・連語論（資料編）』むぎ書房

[24] 国立国語研究所編 (2004)『分類語彙表 増補改訂版』大日本図書

[25] 国立国語研究所（宮島達夫）(1972)『国立国語研究所報告43 動詞の意味・用法の記述的研究』秀英出版

[26] 小林英樹 (2004)『現代日本語の漢語動名詞の研究』ひつじ書房

[27] 定延利之 (1991)「SASEと間接性」仁田義雄（編）『日本語のヴォイスと他

動性』，pp.123-148くろしお出版

[28] 佐藤里美 (1986)「使役構造の文—人間の人間にたいするはたらきかけを表現するばあい—」言語学研究会編『ことばの科学1』，pp.89-179 むぎ書房

[29] 佐藤里美 (1990)「使役構造の文 (2) 因果関係を表現するばあい」言語学研究会編『ことばの科学4』，pp.103-157 むぎ書房

[30] 佐藤琢三 (2005)『自動詞文と他動詞文の意味論』笠間書院

[31] 柴谷方良 (2000)「ヴォイス」仁田義雄・柴谷方良・村木新次郎・矢沢真人(著)『文の骨格』，pp.120-189 岩波書店

[32] 須賀一好 (1993)「自他同形の動詞について」『小松英雄博士退官記念日本語学論集』，pp.321-336 三省堂

[33] 須賀一好・早津恵美子編 (1995)『動詞の自他』ひつじ書房

[34] 杉本武 (1991)「ニ格をとる自動詞—準他動詞と受動詞—」仁田義雄(編)『日本語のヴォイスと他動性』，pp.233-250 くろしお出版

[35] 鈴木重幸 (1972)『日本語文法・形態論』むぎ書房

[36] 鈴木重幸 (1996)『形態論・序説』ひつじ書房

[37] 鈴木康之 (1978)「ノ格の名詞と名詞とのくみあわせ (1)」『教育国語』55, pp.12-24

[38] 鈴木康之 (1979a)「ノ格の名詞と名詞とのくみあわせ (2)」『教育国語』56, pp.66-84

[39] 鈴木康之 (1979b)「ノ格の名詞と名詞とのくみあわせ (3)」『教育国語』58, pp.83-97

[40] 鈴木康之 (1979c)「ノ格の名詞と名詞とのくみあわせ (4)」『教育国語』59, pp.67-81

[41] 鈴木康之 (1983)「連語とはなにか」『教育国語』73, pp30-43

[42] 鈴木康之 (2006)「ノ格の名詞と名詞のくみあわせ—鈴木康之・彭広陸・中野はるみの研究のふりかえって—」言語学研究会 (編)『ことばの科学

11』，pp.49-62 むぎ書房

[43] 須田義治 (2010)『現代日本語のアスペクト論—形態論的なカテゴリーと構文論的なカテゴリーの理論』ひつじ書房

[44] 須田義治 (2020)「動作をあらわす名詞を持つ文−述語以外の文の成分の場合−」『ことばと文字』13，pp.119-127 くろしお出版

[45] 砂川有里子 (1984)「〈に受身文〉と〈によって受身文〉」『日本語学』3-7，pp.76-87

[46] 高木一彦 (1974)「慣用句研究のために」『教育国語』38，pp.2-21

[47] 高橋太郎 (1985)「現代日本語のヴォイスについて」『日本語学』4-4，pp.4-23

[48] 高橋太郎 (1994)『動詞の研究　動詞の動詞らしさの発展と消失』むぎ書房

[49] 高橋太郎 (2003)『動詞九章』ひつじ書房

[50] 張麟声 (1997)「受動文における動作主明示・不明示の構文的規則について」『日本語学』16-2，pp.70−78

[51] 張麟声 (2000)「日本語受動文の真性動作主マーカーについて」佐治圭三教授古稀記念論文集編集委員会（編）『日本と中国ことばの梯』，pp.157-174　くろしお出版

[52] 角田太作 (2009)『世界の言語との日本語　改訂版—言語類型論から見た日本語—』くろしお出版

[53] 中島悦子 (2007)『日中対照研究　ヴォイス—自・他の対応・受身・使役・可能・自発—』おうふう

[54] 仁田義雄編 (1991)『日本語のヴォイスと他動性』くろしお出版

[55] 日本語記述文法研究会 (2009)『現代日本語文法2』くろしお出版

[56] 野田尚史 (1991a)「日本語の受動化と使役化の対称性」『文藝言語研究　言語篇』第19巻，pp.31-51

[57] 野田尚史 (1991b)「文法的なヴォイスと語彙的なヴォイスの関係」仁田義

雄（編）『日本語のヴォイスと他動性』，pp.211-232　くろしお出版

[58] 早津恵美子（1989）「有対他動詞と無対他動詞の違いについて—意味的な特徴を中心に—」『言語研究』95，pp.231-256

[59] 早津恵美子（2005）「現代日本語の「ヴォイス」をどのように捉えるか」『日本語文法』5-2，pp.21-38

[60] 早津恵美子（2015）「日本語の使役文の文法的な意味について—「つかいだて」と「みちびき」」『言語研究』148，pp.143-174

[61] 早津恵美子（2016）『現代日本語の使役文』ひつじ書房

[62] 堀江薫・プラシャントパルデシ著・山梨正明編（2009）『言語のタイポロジー—認知類型のアプローチ—』研究社

[63] 益岡隆志（1982）「日本語受動文の意味分析」『言語研究』第82号，pp.48-64

[64] 益岡隆志（1987）『命題の文法—日本語文法序説—』くろしお出版

[65] 益岡隆志（1991）「受動表現と主観性」仁田義雄（編）『日本語のヴォイスと他動性』，pp.105-121　くろしお出版

[66] 益岡隆志（2000）『日本語文法の諸相』くろしお出版

[67] 宮島達夫（1994）『語彙論研究』むぎ書房

[68] 村上三寿（1986）「うけみ構造の文」『ことばの科学1』，pp.7-87むぎ書房

[69] 村上三寿（1989）「動詞のうけみのかたちにおける結果相」『ことばの科学3』，pp.135-145むぎ書房

[70] 村木新次郎（1980）「日本語の機能動詞表現をめぐって」『研究報告集02』，pp.17-75

[71] 村木新次郎（1983）「機能動詞の記述—日本語とドイツ語を例として」『国文学 解釈と鑑賞』48-6，pp.147-159

[72] 村木新次郎（1985）「慣用句・機能動詞結合・自由な語結合」『日本語学』4-1，pp.15-27

[73] 村木新次郎 (1991)『日本語動詞の諸相』ひつじ書房

[74] 村木新次郎 (2000)「格」仁田義雄・柴谷方良・村木新次郎・矢沢真人 (著)『文の骨格』, pp.49-119 岩波書店

[75] 村木新次郎 (2012)『日本語の品詞体系とその周辺』ひつじ書房

[76] 村木新次郎 (2019)『語彙論と文法論と』ひつじ書房

[77] 吉川武時 (1976)「無生物主語をめぐる問題点について」『日本語学校論集』, pp.123-137東京外国語大学外国語学部附属日本語学校

[78] 林青華 (2009)『現代日本語におけるヴォイスの諸相』くろしお出版

[79] Hopper,Paul J.Sandra A.Thompson (1980) "Transitivity in Grammar and Discourse" Language,Vol.56,No.2, pp.251-299

[80] Kuroda, Sige-Yuki (1979) "On Japanese passives" George Bedell, Eichi Kobayashi and Masatake Muraki (eds.),Explorations in Linguistics:Papers in Honor of Kazuko Inoue.Tokyo:Kenkyusha, pp.305-347